PONS

Power-Sprachtraining
SPANISCH

von
María Suárez Lasierra

PONS GmbH
Stuttgart

PONS

Power-Sprachtraining
SPANISCH

von
María Suárez Lasierra

unter Mitarbeit von Estefanía Féres Bernal

Auf der Basis von ISBN: 978-3-12-561211-2

Auflage A1 5 4 3 2 / 2013 2012 2011

PONS Produktinfos und Shop: www.pons.de
PONS Sprachenportal: www.pons.eu
E-Mail: info@pons.de

Redaktion: Josefa Díaz
Logoentwurf: Erwin Poell, Heidelberg
Logoüberarbeitung: Sabine Redlin, Ludwigsburg
Einbandgestaltung: Tanja Haller, Petra Hazer, Stuttgart
Titelfoto: Vlado Golub, Stuttgart
Illustrationen: Norberto Lombardi, Campana
Layout/Satz: BUERO CAÏRO, Stuttgart
Druck und Bindung: Gmähle-Scheel Print-Medien GmbH, Kriegsbergstraße 14, 71336 Waiblingen-Hohenacker

Printed in Germany.
ISBN: 978-3-12-561736-7

So benutzen Sie dieses Buch

Das Power-Sprachtraining ist ein umfangreiches Übungsbuch, in dem Grammatik, Wortschatz und Kommunikation trainiert werden. Durch zahlreiche Übungen und Erklärungen können Sie Ihre Spanischkenntnisse wiederholen, vertiefen und festigen.

Die Module

In jeder Einheit werden die wichtigsten Grammatikthemen eingeführt und geübt, durch Dialoge und authentische Situationen wird Wortschatz im Kontext präsentiert.

Mit den MP3-Dateien, die Sie unter www.pons.de/power-sprachtraining herunterladen können, trainieren Sie Ihre Aussprache und Ihr Hörverstehen.

Der Abschlusstest am Ende jedes Moduls dient der Selbstkontrolle und sichert Ihren persönlichen Lernerfolg.

Der Anhang

Im Anhang sind die Lösungen zu den Übungen, eine kurze Grammatik zum Nachschlagen und ein 2-sprachiges Wortverzeichnis, in dem Sie alle neu gelernten Wörter finden können.

Bildsymbole

Anhand der Bildsymbole erkennen Sie, ob Sie einen Stift, ein zusätzliches Blatt Papier oder ob Sie die Online-Sounddateien (immer optional) für die jeweilige Übung brauchen:

Dieses Symbol zeigt Ihnen, dass Sie den Text der Übung auch hören können, indem Sie die jeweilige Sounddatei unter www.pons.de/power-sprachtraining herunterladen.

Für eine Übung mit diesem Symbol brauchen Sie einen Stift, um etwas zu schreiben oder einzutragen.

Auch für diese Übungen brauchen Sie einen Stift, diesmal um etwas anzukreuzen oder zu verbinden.

Bei diesem Symbol werden Sie aufgefordert ein zusätzliches Blatt zu verwenden, um die Übung zu machen.

Mit diesem Symbol werden Sie darauf hingewiesen, dass Sie die Inhalte besonders aufmerksam lesen sollten.

¡Bueno saber!

In spanischsprachigen Ländern ist das Duzen viel üblicher. Insbesondere im Familien- und Freundeskreis werden jung und alt geduzt.

In der Box erhalten Sie nützliche und interessante Hinweise über die spanische Sprache und über landesübliche Besonderheiten.

mira – *Schau mal*
me llamo ... – *Ich heiße ...*
¿quién eres? – *wer bist du?*

Das Wortschatzfeld enthält Wörter und Wendungen, die für die jeweiligen Übungen hilfreich sind.

Imperfecto

estaba	estábamos
estabas	estabais
estaba	estaban

In dieser Box finden Sie konjugierte Verben.

▶ § 5 Die Substantive

Diese Grammatikverweise geben Ihnen an, wo Sie weitere Informationen zu einem bestimmten grammatikalischen Thema erhalten

1

Lesen Sie die Minidialoge, um sich zu begrüßen und zu verabschieden.

Valentina: Hola, ¿qué tal? **Luis:** Muy bien, gracias. **Valentina:** Buenos días, me llamo Valentina, ¿y tú? **Alicia:** Soy Alicia. **Luis:** Buenas tardes, soy Luis. **Ángel:** Y yo soy Ángel. **Ángel:** Buenas noches. **José:** Adiós. **José:** Hasta pronto. **Ángel:** Hasta luego.

hola – *hallo*
¿qué tal? – *Wie gehts?*
me llamo... – *ich heiße ...*
yo soy... – *ich bin ...*
adiós – *auf Wiedersehen, tschüß*
hasta pronto – *bis bald*
hasta luego – *bis später*

2

Hier stellt Ihnen Valentina ihre Familie vor. Lesen Sie die Sätze.

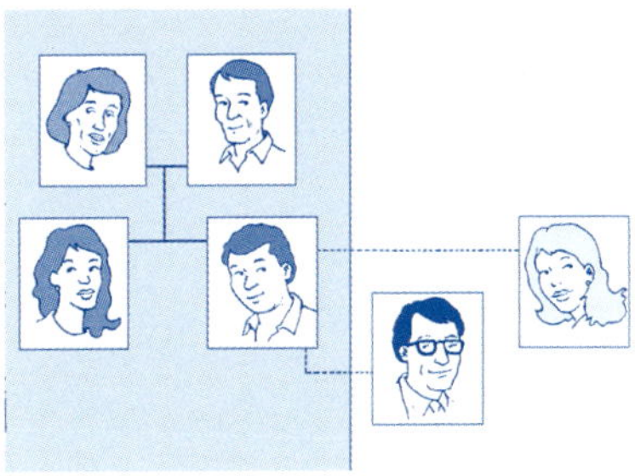

Hola, buenos días, soy Valentina.
Él es Luis. Es mi hermano.
Ésta es Carmen. Ella es mi madre.
Éste es mi padre, Ángel.
Alicia es la novia de Luis.
Éste es un amigo de Luis. Él es José.

él es... – *er ist ...*
mi – *mein/meine*
el hermano – *Bruder*
la madre – *Mutter*
el padre – *Vater*

¡Bueno saber!

Mit **buenos días** grüßt man bis ca. 13 Uhr. Spätestens ab dem Mittagessen ca. um 14.00 – 15.00 Uhr geht man zu **buenas tardes** über. Erst ab 20.00 oder 21.00 Uhr sagt man **buenas noches** was *Guten Abend* oder *Gute Nacht* bedeuten kann.

▶ § 14 Das Präsens von **ser**

¡Bueno saber!

In spanischsprachigen Ländern ist das Duzen viel üblicher. Insbesondere im Familien- und Freundeskreis werden jung und alt geduzt.

3

In dem folgenden Dialog stellen sich verschiedenen Personen vor. Ordnen Sie die Wörter den entsprechenden Lücken zu. Wenn Sie möchten, können Sie sich die Dialoge anhören.

tardes – luego – yo – tal – tú – soy – adiós – llamo – gracias – es

Valentina: Buenas (1) tardes ________.

Alicia: Hola, (2) soy ________ Alicia. Soy la novia de Luis.

Valentina: ¡Ah! Hola, encantada. (3) Yo ________ soy Valentina. Soy la hermana de Luis.

Alicia: Es un placer.

Valentina: Pasa, por favor.

…

Alicia: Hola Luis. ¿Qué (4) tal ________?

Luis: Hola Alicia. Muy bien ¿y (5) tú ________?

Alicia: Muy bien también.

Luis: Mira, éste (6) es ________ mi padre y ésta es mi madre.

Ángel: Hola Alicia, encantado. Yo soy el padre de Luis.

Carmen: Buenas tardes, Alicia. Me (7) llamo ________ Carmen y soy la madre de Luis. ¿Quieres un café?

Alicia: Sí, muchas (8) gracias ________.

…

Alicia: Muchas gracias por todo, (9) adiós ________.

Luis: Hasta pronto, Alicia.

Ángel: Hasta (10) luego ________.

4

Spanische Aussprache: Lesen Sie die Regeln und versuchen Sie die Beispiele in den Klammern auszusprechen.

1. **c** vor **e**, **i** gelispelt, sonst wie **k** (Cecilia, Cuba)
2. **ch** wie **tsch** in *Tschüs* (Chile, chico)
3. **g** vor **e**, **i** wie **ch**, sonst wie **g** (Gibraltar, Granada)
4. **h** wird nicht ausgesprochen (hotel)
5. **j** wie **ch** in *Sache* (San José)
6. **ll** wie **j** in *ja* (Mallorca, Sevilla)
7. **ñ** wie **gn** in *Cognac* (España)
8. **qu** wie **k** in *Kuchen* (Quito)
9. **r** gerollt, **rr** stark gerollt (Perú, Roma, Andorra)
10. **z** gelispelt (Zaragoza)

5

Die Betonung: Lesen Sie die Regeln und versuchen Sie die Beispiele auszusprechen.

1. Wörter, die mit Vokal, **-n** oder **-s** enden, werden in der Regel auf der **vorletzten** Silbe betont: **Cuba**, **Sevilla**.
2. Wörter, die mit einem Konsonanten (außer **-n** und **-s**) enden, werden in der Regel auf der **letzten** Silbe betont: **hotel**, **hospital**.
3. Alle Wörter, deren Betonung von diesen Regeln abweichen, erhalten einen Akzent auf dem Vokal der betonten Silbe: **café**, **túnel**.
4. Wörter, die auf der drittletzten Silbe betont werden, tragen immer einen Akzent: **teléfono**, **América**.

6

Vielleicht haben Sie schon gemerkt, dass es im Spanischen nur männliche und weibliche Substantive gibt. So gibt es nur einen männlichen und einen weiblichen Artikel:

▶ § 5 Die Substantive

	Singular	Plural
maskulin	**el** hermano**o**	**los** hermano**s**
feminin	**la** herman**a**	**las** herman**as**

Die Substantive die auf **-o** enden sind meistens männlich.
Und auf **-a** weiblich.

7

Und jetzt sind Sie dran! Schreiben Sie die Artikel in die folgenden Sätze:

1. Luis es ___el___ hermano de Valentina.
2. ___la___ novia de Luis se llama Alicia.
3. Soy José, ___el___ amigo de Luis.

Substantive, die auf **-e** oder auf Konsonat enden, können männlich oder weiblich sein: **el padre**, **la madre**, etc.

Ein paar Ausnahmen gibt es jedoch: **la radio**, **la foto**, **el día**, **el clima** etc.

8

Setzen Sie den männlichen (**el**) oder weiblichen (**la**) Artikel ein.

1.	la	madre	2.	la	hermana
3.	el	niño	4.	la	niña
5.	el	amigo	6.	el	hermano
7.	el	hotel	8.	el	chico
9.	la	amiga	10.	el	padre
11.	la	novia	12.	la	foto

Lerntipp!

Lernen Sie die Substantive immer in Verbindung mit dem Artikel! Im Spanischen ist es sehr wichtig, da die Adjektive an die Substantive in Geschlecht und Zahl angepasst werden.

9

Die Demonstrativpronomen **este** und **esta** verwendet man für Dinge oder Personen, die sich direkt beim Sprecher befinden, insbesondere, wenn jemand vorgestellt wird.

	Singular	
Männlich	**este**	Éste es mi hermano, Luis.
Weiblich	**esta**	Ésta es mi novia, Alicia.

Stehen die **este** oder **esta** als Begleiter beim Substantiv, so werden sie ohne Akzent geschrieben. Ersetzen sie das Substantiv, können sie einen Akzent tragen.

Este hotel es muy bonito. *Dieses Hotel ist sehr schön.*
Éste es muy bonito. *Dieses ist sehr schön.*

¡Bueno saber!

Das Demostrativpronomen **esto** kann nie mit einem Substantiv zusammenstehen, es bezieht sich auf ein Sachverhalt oder aber auf eine Sache, die noch nicht erwähnt wurde.
¿Qué es esto? – *Was ist das?*
Esto es todo. – *Das ist alles.*

10

Ordnen Sie die Demonstrativpronomen den Sätzen zu.

a. ésta b. éste c. éste d. ésta

1. Hola, buenos días. éste es mi padre.
   Se llama Ángel.
2. Y éste es mi hermano.
3. Y ésta es mi madre.
4. José, ésta es mi amiga, María.

11

¡Bueno saber!

Usted *(Sie)* verwendet man, wenn man eine Person siezt, **ustedes** *(Sie)* wenn Sie zwei oder mehrere Personen siezen. Geschrieben werden oft nur die Abkürzungen **Ud. / Vd.** bzw. **Uds. / Vds.**

	ser *(sein)* unregelmäßiges Verb	
yo	soy	*ich bin*
tú	eres	*du bist*
él, ella, usted	es	*er ist, sie ist, Sie sind*
nosotros / as	somos	*wir sind*
vosotros / as	sois	*ihr seid*
ellos / as, ustedes	son	*sie sind, Sie sind*

Die Subjektpronomen werden im Spanischen nur selten verwendet, z. B. zur Unterscheidung verschiedener Personen oder für ihre Hervorhebung.

12

Ordnen Sie die Subjektpronomen den Sätzen zu.

ella – él – tú – ella – yo

mira – *Schau mal*
me llamo… – *ich heiße …*
¿quién eres? – *wer bist du?*

1. yo soy José.
2. ella es María.
3. Mira, él es José. Es un amigo de Barcelona.
4. ella es Valentina. Es mi hermana. Es muy simpática.
5. Me llamo Carmen. Y tú, ¿quién eres?

13

Lesen Sie die Dialoge und entscheiden Sie welcher Dialog zu welchem Bild passt. Wenn Sie möchten, können Sie auch die Dialoge hören.

1b

2c

3a

a. **Luis:** Alicia, te presento a un amigo. Se llama José.
Alicia: Encantada.
José: Encantado. ¿Qué tal?
Alicia: Muy bien, gracias.

b. **Valentina:** Mira, Luis, ésta es Cecilia. Es mi amiga de México.
Luis: Hola Cecilia. Es un placer.
Cecilia: Encantada.

c. **Ángel:** Alicia, te presento a mi mujer, Carmen.
Alicia: Mucho gusto. Soy Alicia.
Carmen: Hola Alicia. Encantada.

¡Bueno saber!

Vorstellen können Sie jemanden auch mit: **te / le presento a...** *ich stelle Dir / Ihnen ... vor.* *Angenehm* oder *sehr erfreut* heißt **mucho gusto, es un placer** oder **encantado/a.** Ein Mann sagt immer **encantado**, eine Frau **encantada.** Die anderen Ausdrücke werden von beiden in der gleichen Form verwendet.

14

Lesen Sie diese Ausdrücke. Versuchen Sie sie dann in diese beiden Kategorien zu unterteilen. **Saludos / despedidas (s / d)** *(Begrüßung / Verabschiedung)* oder **Presentaciones (p)** *(Vorstellungen)*.

1. Adiós. Adiós. [d]
2. Me llamo Juana y ella es Pilar. [p]
3. Buenas tardes, Carmen. [s]
4. Es un placer. Yo soy Pedro. [p]
5. Te presento a Cecilia. [p]
6. Hola, ¿qué tal? [s]

15

Schreiben Sie die entsprechenden Verbformen von **ser** in die Lücken.

1. vosotros sois
2. ellos son
3. tú eres
4. yo soy
5. usted es
6. nosotros somos

16

Lesen Sie die Fragen und ordnen Sie die Antworten zu.

c 1. Hola Alicia, te presento a mi madre Carmen.

d 2. Buenos días, yo soy Pablo, y usted, ¿cómo se llama?

f 3. Te presento a Maite. Ella es de Barcelona.

a 4. ¿Tú eres Jorge?

e 5. Hola, Buenos días. ¿Vosotras sois de Sevilla?

b 6. Te presento a Valentina. Ella es mi hermana.

a. No, no soy Jorge. Me llamo Alejandro.

b. Hola, ¿qué tal, Valentina?

c. Hola Carmen, encantada.

d. Yo me llamo José, mucho gusto.

e. Sí, somos de Sevilla. Nosotras somos Pilar y Ana.

f. Buenas tardes, Maite. Es un placer.

1

Welche Verbform passt zu den jeweiligen Subjektpronomen?
Wählen Sie die richtige Antwort aus.

1. **nosotras**
   ☒ a) son ☐ b) somos ☐ c) soy
2. **yo**
   ☐ a) somos ☐ b) sois ☒ c) soy
3. **ustedes**
   ☐ a) es ☐ b) sois ☒ c) son
4. **tú**
   ☒ a) eres ☐ b) es ☐ c) son
5. **él**
   ☐ a) son ☐ b) somos ☒ c) es
6. **vosotros**
   ☒ a) sois ☐ b) es ☐ c) eres

2

Versuchen Sie, die Ausdrücke in diese Kategorien zu unterteilen. **Saludos/despedidas (s/d)** *(Begrüßung/Verabschiedung)* oder **Presentaciones (p)** *(Vorstellungen)*.

1. ¿Qué tal? – Muy bien gracias. [S]
2. Adiós. [d]
3. Yo me llamo Valentina. [P]
4. Ésta es mi novia. [P]
5. Buenos días. [S]
6. Te presento a José. [P]
7. Hola. [S]
8. Es un placer. [P]
9. Ella es de Sevilla. [P]
10. Mucho gusto. [P]

3

Schreiben sie den fehlenden Artikel in die Lücken.

1. __la__ madre
2. __el__ amigo
3. __el__ padre
4. __la__ foto
5. __la__ chica
6. __el__ niño

4

Schreiben Sie die fehlenden konjugierten Formen des Verbes **ser** in die Lücken.

1. Yo __soy__ Lucía.
2. ¿Quién __eres__ tú?
3. No, no __soy__ Juan, Juan __es__ él.
4. ¿Vosotras __sois__ Alicia y Viviana?
5. Sí, ellas __son__ Alicia y Viviana.
6. Nosotras __somos__ de Sevilla.
7. ¿Quién __es__ ella?
8. Ella __es__ Mercedes.
9. Nosotros vivimos en Valencia pero __somos__ de Barcelona.
10. Pilar y Juana __sois__ de Madrid.

1

Ordnen Sie die Sätze dem jeweils passenden Bild zu.

1

2

3

4

5

a. Miguel es de México.
b. Pablo es de Cuba.
c. Mariela y Josefa son de Perú.
d. Juana es de Sevilla.
e. Fabiola y Martín son de Buenos Aires.

2

Lesen Sie die Formen des regelmäßigen Verbs auf **-ar**, **trabajar** *(arbeiten)*, und versuchen Sie diese auszusprechen.

1. yo **trabajo**
2. tú **trabajas**
3. él, ella, usted **trabaja**
4. nosotros, nosotras **trabajamos**
5. vosotros, vosotras **trabajáis**
6. ellos, ellas, ustedes **trabajan**

¡Bueno saber!

Am Anfang der Frage steht das Fragezeichen in umgekehrter Form: **¿ ... ?**
Das Gleiche gilt für das Ausrufezeichen: **¡ ... !**

3

Lesen Sie den Dialog zwischen der Familie von Valentina und Alicia, der Freundin von Luis. Wenn Sie möchten, können Sie sich auch den Dialog anhören.

Carmen: Alicia, ¿de dónde eres?
Alicia: Soy de Madrid. Y ustedes, ¿son de Zaragoza?
Carmen: No todos. Valentina y Luis sí son de Zaragoza, pero Ángel es de Huesca y yo soy de Madrid.
Ángel: ¿Y tú familia, de dónde es?
Alicia: También es de Madrid.
Valentina: Tú eres enfermera, ¿verdad?
Alicia: No, no soy enfermera. Soy médica.
Valentina: ¿Dónde trabajas?
Alicia: Trabajo en un hospital en Madrid. ¿Y tú?
Valentina: Yo soy estudiante de Derecho.
Carmen: ¿Quién quiere café?

no todos – *nicht alle*
pero – *aber*
la enfermera – *Krankenschwester*
¿verdad? – *nicht wahr?*
el/la médico/a – *Arzt/Ärztin*
el hospital – *Krankenhaus*
el/la estudiante – *Student/in*
Derecho – *Jura*

Können Sie aus dem Text herausfinden, wie man auf Spanisch *woher* sagt?

woher? – De dónde

¡Bueno saber!

Einige Berufsbezeichnungen haben eine männliche und eine weibliche Form, andere haben nur eine Form für beide Geschlechter: **el maestro/la maestra, el/la cantante.** Sie fragen eine Person nach ihrem Beruf mit: **¿Qué hace (usted)?** *Was machen Sie?*, **¿Qué haces?** *Was machst du?*

▶ § 13 Regelmäßige Verben

4

Sie kennen schon die regelmäßigen Verben auf **-ar.** Nun folgen die regelmäßigen Verben auf **-er** und **-ir.**

Verbformen bestehen aus einem Wortstamm und einer Endung. Die spanischen Verben werden, je nach ihrer Infinitivendung auf **-ar**, **-er**, **-ir** in die drei Konjugationsgruppen unterteilt:
trabaj-**ar**, beb-**er**, viv-**ir**.

Statt der Infinitivendungen werden für die verschiedenen Personen die angegebenen Endungen angehängt.

	trabaj**ar**	beb**er**	viv**ir**
yo	trabaj**o**	beb**o**	viv**o**
tú	trabaj**as**	beb**es**	viv**es**
él, ella, usted	trabaj**a**	beb**e**	viv**e**
nosotros, nosotras	trabaj**amos**	beb**emos**	viv**imos**
vosotros, vosotras	trabaj**áis**	beb**éis**	viv**ís**
ellos, ellas, ustedes	trabaj**an**	beb**en**	viv**en**

5

Vervollständigen Sie nun die Sätze, indem Sie die richtige Verbform auswählen.

1. Alicia *trabajan / trabaja / trabajamos* en un hospital.
2. Los españoles *comen / coméis / come* paella.
3. La familia de Valentina *viven / vivimos / vive* en España.
4. Yo *trabajo / trabajáis / trabajamos* en un hotel.

6

Die unbestimmten Artikel im Spanischen lauten:

	Singular	Plural
Maskulin	**uno**	**unos**
Feminin	**una**	**unas**

Sie richten sich nach dem Geschlecht und Zahl des Substantivs. Normalerweise verwendet man keinen unbestimmten Artikel im Plural. Die Pluralform dient als unbestimmte Mengenangabe.

Compro unos tomates. *Ich kaufe ein paar Tomaten.*

7

Ordnen Sie die unbestimmten Artikel den entsprechenden Lücken zu.

un – una – unos – unas

1. Juan y Pedro son unos amigos de Alicia.
2. En Barcelona hay unas casas muy bonitas.
3. En la ciudad hay una iglesia muy bonita.
4. Soy médica y trabajo en un hospital.

el hospital – *Krankenhaus*
la ciudad – *Stadt*
la casa – *Haus*
bonito/a – *schön, hübsch*

el libro – *Buch*
la silla – *Stuhl*
la mesa – *Tisch*
el teléfono – *Telefon*
el ordenador – *Computer*
el fax – *Fax*
la lámpara – *Lampe*
el móvil – *Handy*
el bolígrafo – *Kugelschreiber*
el cuaderno – *Heft*

8

Lesen Sie die Begriffe laut.

1

un libro, unos libros

2

una silla, unas sillas

3
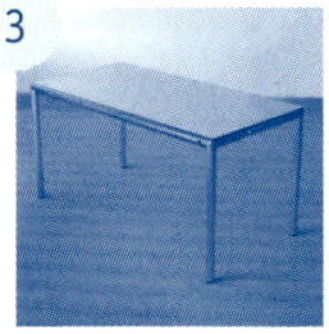
una mesa, unas mesas

4

un teléfono, unos teléfonos

5

un ordenador, unos ordenadores

6
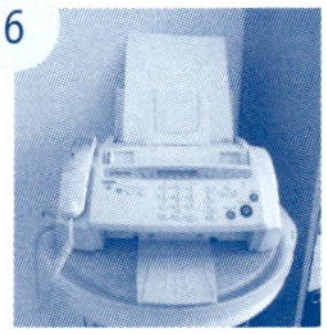
un fax, unos faxes

7
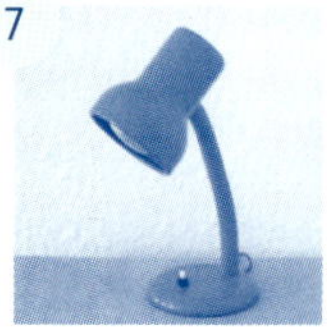
una lámpara, unas lámparas

8

un móvil, unos móviles

9

un bolígrafo, unos bolígrafos

10
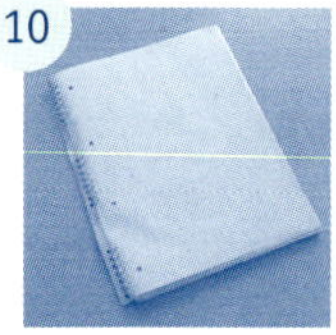
un cuaderno, unos cuadernos

9

Sie haben das Singular und Plural von verschiedenen Gegenständen kennen gelernt. Können Sie jetzt die Regel zur Bildung des Plurals ableiten?

Für die Pluralbildung fügt man an Wörter, die auf Vokal enden, ein -s- an. An Wörter, die mit einem Konsonanten enden, hängt man -os- an.

10

Verneinungen auf Spanisch:
No kann sowohl *nein* als auch *nicht* bedeuten. Es steht immer vor dem Verb.

Yo **no** soy Valentina, soy Alicia. *(Ich bin nicht Valentina, ich bin Alicia.)*
No, **no** como carne. *(Nein, ich esse nicht/kein Fleisch.)*

¡Bueno saber!
Beachten Sie den Unterschied bei den folgenden Sätzen: **No soy de Barcelona.** *(Ich bin nicht aus Barcelona.)* **No, soy de Barcelona.** *(Nein, ich bin aus Barcelona.)* Im zweiten Satz wird eine kleine Pause nach dem **no** gelassen, damit der Unterschied deutlich wird. Die doppelte Verneinung ist auch möglich: **No, no soy de Barcelona.** *(Nein, ich bin nicht aus Barcelona.)*

11

Versuchen Sie die Beispiele zu verneinen.

1. Yo soy Valentina. Yo no soy Valentina, soy Alicia.
2. Somos de Chile. No somos de Chile, somos argentinos.
3. Trabajo en un hospital. No trabajo en un hospital, trabajo en una peluquería.
4. Como carne. No, no como carne. Sólo como verdura, fruta, etc.

carne -> Fleisch

12

Um nach der Herkunft einer Person zu fragen oder um eine Antwort auf solch eine Frage zu geben, können Sie folgende Ausdrücke verwenden:

¿De dónde eres? *(Woher bist/kommst Du?)*
Soy de Salamanca. ¿Y tú? *(Ich bin/komme aus Salamanca. Und Du?)*
¿De dónde es (usted)? *(Woher sind/kommen Sie?)*
(Yo) soy de Paraguay. *(Ich bin/komme aus Paraguay.)*

Wenn Sie bereits eine Vermutung haben, können Sie dies folgendermaßen ausdrücken:

¿Eres de Caracas? *(Bist Du aus Caracas?)*
Sí, soy de Caracas. *(Ja, ich bin/komme aus Caracas.)*
¿Es (usted) de Guatemala? *(Sind Sie aus Guatemala?)*
No soy de Guatemala. Soy de Perú. *(Ich bin nicht aus Guatemala. Ich bin aus Perú.)*

13

Und jetzt sind Sie dran! Ordnen Sie die Wörter den entsprechenden Lücken zu.

soy – de – dónde – eres

1. ¿De dónde es usted, señor Domínguez?
2. Yo soy de la capital de Ecuador, de Quito.
3. Miguel, ¿Eres de México?
4. No soy de México, soy de Cuba.

14

¡Bueno saber!
Für alle regelmäßigen Verben einer Gruppe gelten dieselben Endungen. Achten Sie auf die Akzente in der zweiten Person Plural: **habláis**, **bebéis**, **vivís**.

comer – *essen*
tomar – *nehmen, trinken*
vivir – *leben, wohnen*
estudiar – *lernen, studieren*
trabajar – *arbeiten*
viajar – *reisen*
comprender – *verstehen*

Tragen Sie die richtigen Verbformen in die Lücken ein.

1. Los amigos de Valentina viven en Madrid.
2. Valentina estudia en la Universidad Complutense de Madrid.
3. No comprendo esta palabra.
4. ¿Pablo y tú trabajáis en un hospital?
5. ¿Vosotras tomáis un café?
6. ¿Tú viajas mucho a España?
7. Nosotros comemos en un restaurante.
8. Yo soy actor y trabajo en un teatro.

a. comemos b. tomáis c. viven d. estudia
e. trabajo f. viajas g. comprendo h. trabajáis

15

Sie haben bereits die unbestimmten Artikel kennen gelernt. Sehen Sie sich die Bilder an und schreiben Sie die richtigen unbestimmten Artikel in die Lücken.

1

2

3

4

1. En esta foto vemos __unos__ amigos de Valentina y Luis.
2. En el salón hay __una__ mesa antigua.
3. Quiero comprar __unas__ sillas modernas de metal.
4. Luis lee __un__ libro interesante.

16

Markieren Sie den Begriff, der im Plural steht.

1. país – ciudad – ciudades – pueblo
2. un – una – uno – unas
3. amigos – chico – camarero – señor
4. hermano – hermanas – hermanito – hermana
5. este – estos – esta – esto
6. televisión – teléfonos – ordenador – libro

17

Sehen Sie sich die Bilder an und schreiben die entsprechenden Begriffe mit den unbestimmten Artikeln in die Lücken. Achten Sie darauf, ob Sie nur eine oder mehrere Dingen sehen! Achten Sie auch auf die Akzente!

1

____

2

____

3
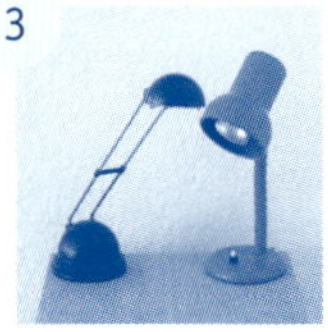
una lámpara

4

un libro

5

un caderno

6

el ordenador
un

7
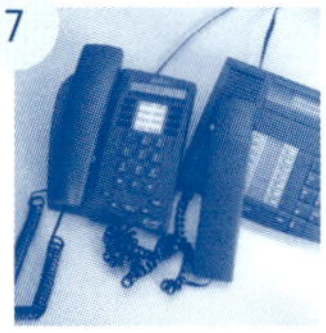
un teléfono

8

una silla

9

una mesa

10

el hospital

1

Beantworten Sie die Fragen und wählen Sie die passende Antwort aus.
Nur eine Antwort ist richtig.

1. ¿De dónde eres?
   - a. Sí, vivimos en Madrid.
   - [x] b. Soy de Zaragoza.
   - c. No, no trabajo en un hospital.

2. ¿Sois de Venezuela?
   - [x] a. No, somos de Bolivia.
   - b. Sí, yo soy de Bilbao.
   - c. No, María toma un café.

3. ¿Vive usted en Buenos Aires?
   - a. No, trabajamos en una farmacia.
   - b. Sí, ellos viven en Montevideo.
   - [x] c. Sí, yo vivo allí.

4. ¿Son ustedes de Bilbao?
   - [x] a. No, somos de Vigo.
   - b. No somos de Vigo.
   - c. Sí, somos de Granada.

2

Lesen Sie die Sätze. Welche Verbform ist richtig? Wählen Sie den richtigen Begriff aus.

1. ¿María y tú *vivís* / *vive* / *vivo* en Madrid?
2. Nosotros *trabajan* / *trabajáis* / *trabajamos* en una farmacia.
3. Ellos *tomo* / *toman* / *toma* café en el restaurante.
4. ¿Tú *comprendéis* / *comprenden* / *comprendes* todo?
5. Yo *trabajo* / *trabaja* / *trabajas* en la Escuela Oficial de Idiomas.
6. Miguel *escribo* / *escribís* / *escribe* una postal.

3

Sehen Sie sich die Bilder an und schreiben Sie die entsprechenden Begriffe in die Lücken. Achten Sie auf das Singular und Plural, sowie auf die Akzente!

1

unos libros

2

una silla

3

un móvil

4

unos ordenadores

5

un teléfono

6

unas mesas

1

Lesen Sie die Sätze und versuchen Sie diese auszusprechen.

1. ¿Qué tal?
   Estoy muy bien.

2. ¿Cómo está José?
   José está enfermo.
   krank

3. ¿Cómo estáis?
   Estamos cansadas.

4. Valentina está
   triste.

5. Están en el jardín.

6. Están muy
   enamorados.

7. Cecilia está
   muy alegre.

8. ¿Dónde estás?
   Estoy en Barcelona.

9. ¿Cómo estás?
   Estoy nervioso.

▸ § 6 Das Adjektiv

¡Bueno saber!

Adjektive richten in Geschlecht und Zahl immer nach dem Substantiv, zu dem sie gehören. Das gilt auch, wenn das Adjektiv vor dem Verb steht.

En esta ciudad hay casas modernas.

En esta ciudad hay muchas casas modernas.

2

Ordnen Sie den Bildern die passenden Wörter zu.

1 d

2 c

3 b

a. las rosas rojas
b. la chica guapa
c. el libro interesante
d. las casas modernas
e. los coches rápidos

4 e

5 a

3

Lesen Sie den Dialog und versuchen Sie die Sätze richtig auszusprechen. Wenn Sie möchten, können Sie sich den Dialog anhören.

enfermo / a – *krank* ▸
un poco – *ein bisschen*
resfriado / a – *erkältet*
la cama – *Bett*
el líquido – *Flüssigkeit*
mejorar – *sich bessern*
recuerdos a… – *Grüße an …*
que se mejore – *gute Besserung*

José:	Hola Valentina. ¿Qué tal estás?
Valentina:	Yo estoy muy bien, gracias.
José:	Ya veo, estás muy guapa. Y, ¿cómo está Luis?
Valentina:	Luis está enfermo.
José:	¡Sí! ¿Está muy enfermo?
Valentina:	No, está un poco resfriado.
José:	¿Dónde está?
Valentina:	Hoy no trabaja. Está en casa, en la cama.
José:	Cuando yo estoy resfriado bebo mucho líquido y mejoro rápidamente.
Valentina:	Luis trabaja demasiado. Vivir tranquilamente es la mejor medicina para no enfermar.
José:	Recuerdos a Luis y que se mejore.
Valentina:	Gracias y hasta pronto.
José:	Adiós, adiós…

4

Estar ist ein unregelmäßiges Verb. Man verwendet es um persönliches Befinden, örtliches Befinden und auch vorübergehende oder veränderliche Zustände zu erfragen oder auszudrücken.

	estar
yo	estoy
tú	estás
él, ella, usted	está
nosotros / as	estamos
vosotros / as	estáis
ellos / as, ustedes	están

Setzen Sie in die folgenden Sätze die passende Verbform von **estar** ein.

1. ¿Cómo está usted?
   Estoy bien, gracias.

2. ¿Dónde están ustedes?
   Estamos en la calle Velázquez.

¡Bueno saber!

Fragewörter wie **cómo** *(wie)*, **dónde** *(wo)* oder **qué** *(was)* etc. tragen im Spanischen immer einen Akzent!

5

1. Adjektive richten sich in Geschlecht und Zahl immer nach dem Substantiv zu dem sie gehören: las chic**as** guap**as** *(die hübschen Mädchen)*
2. Adjektive, die auf **-o** enden, bilden die weibliche Form auf **-a** (für die Pluralbildung gelten dieselben Regeln wie für Substantive):
   el libro roj**o** *(das rote Buch)* la falda roj**a** *(der rote Rock)*
3. Adjektive, die auf **-e** oder Konsonant enden, haben nur eine Form für männlich und weiblich (für die Pluralbildung gelten dieselben Regeln wie für Substantive):
   la cas**a** grand**e** / las cas**as** grand**es** *(das große Haus / die großen Häuser)*
   el coch**e** grand**e** / los coch**es** grand**es** *(das große Auto / die großen Autos)*
   In der Regel steht das Adjektiv im Spanischen hinter dem Substantiv!

¡Bueno saber!

Mucho und **poco** sind Adjektive, wenn sie Substantive begleiten. Sie stehen dann in der Regel vor dem Substantiv. Sie werden ebenfalls an das Substantiv in Geschlecht und Zahl angepasst: **Mucha<u>s</u> ciudad<u>es</u> son grand<u>es</u>.** *Viele Städte sind groß.*

6

Ordnen Sie den Sätzen die passenden Adjektive zu.

la ciudad – *Stadt*
fantástico/a – *fantastisch*
grande – *groß*
el centro histórico – *Altstadt*
bonito/a – *schön*
simpático/a – *sympathisch*

1. Barcelona es una ciudad fantástica.
2. Estos son libros interesantes.
3. El centro histórico es bonito.
4. Cecilia y Valentina son chicas simpáticas.

a. histórico b. fantástica c. simpáticas d. interesantes

¡Bueno saber!

Einige andere Adjektive können auch vor den Substantiven stehen, wie z. B. **bueno**, **malo**, **primero**, **tercero**, **uno**, **alguno**, **ninguno**, etc. Dann verlieren sie das **-o** am Ende der maskulinen Form im Singular z. B.: **un chico bueno, un buen chico.**

7

Ein Adverb bestimmt ein Verb, ein Adjektiv, ein anderes Adverb oder einen ganzen Satz. Adverbien sind unveränderlich.

Muy *(sehr)* begleitet ein Adjektiv oder ein Adverb. **Mucho** *(sehr)* und **poco** *(wenig)* sind Adverbien, d. h. sie stehen entweder alleine oder begleiten ein Verb.
Bien und **mal** sind Adverbien, sie bedeuten *gut* bzw. *schlecht*.

Estoy **muy** bien. *(Es geht mir sehr gut.)*

Trabajo **mucho**. *(Ich arbeite viel.)*

8

Lesen Sie die folgenden Sätze. Entscheiden Sie, welche dargestellte Situation dazu passt.

1.a

1.b

2.a

2.b

1. Luis está muy enfermo. b

2. Valentina está muy guapa. a

3.a

3.b

4.a

4.b

3. Luis trabaja mucho. b

4. La mujer está muy bien en la playa. a

5.a

5.b

6.a

6.b

5. Los niños comen poco. b

6. Las personas están mal. a

9

Nationalitätsbezeichnungen sind im Spanischen immer Adjektive. Sie lassen sich anhand ihrer Endungen klassifizieren. Anders als normale Adjektive bilden Nationalitätsadjektive auf Konsonant, die weibliche Form auf **-a**:

alemán / alemana

Achtung: **belga**, **iraquí**, **israelí** sowie die Nationalitätsadjektive auf **-(i)ense** haben für männlich und weiblich dieselbe Form.

Verb **ser** + Nationalitätsadjektive
z. B.: **Yo soy alemán.** (singular, maskulin) / **Yo soy alemana.** (singular, feminin) / **Nosotros somos alemanes.** (plural, maskulin) / **Nosotras somos alemanas.** (plural, feminin).

Nationalitätsadjektive passen sich ebenfalls an Geschlecht und Anzahl an.

Und jetzt sind Sie dran! Ordnen Sie die Nationalitätsadjektive den folgenden Sätzen zu.

1. **Ana:**	Yo soy	b	a. españoles
2. **Juan:**	Yo soy	c	b. chilena
3. **Luis y Valentina:**	Nosotros somos	a	c. cubano

10

Wählen Sie die richtige Form des Adjektivs aus.

1. Mijas es un pueblo *pequeño / pequeña / pequeños.*
2. José tiene amigas *simpáticos / simpática / simpáticas.*
3. Las oficinas de la empresa son *modernos /moderna / modernas.*
4. Buenos Aires y Sao Paulo son ciudades *gran / grandes / grande.*
5. En Barcelona hay *pocos / poco / pocas* parques.
6. En Estados Unidos *muchas / mucha / muchos* gente habla español.
7. En Barcelona hay *muchas / muchos / mucha* actividades culturales.
8. La ciudad tiene edificios *antiguo / antiguas / antiguos.*

11

Schreiben Sie die fehlenden Nationalitätsadjektive in die Lücken.
Achten Sie dabei auch auf die Anpassung an Geschlecht und Zahl!

▸ § 7 Nationalitätsadjektive

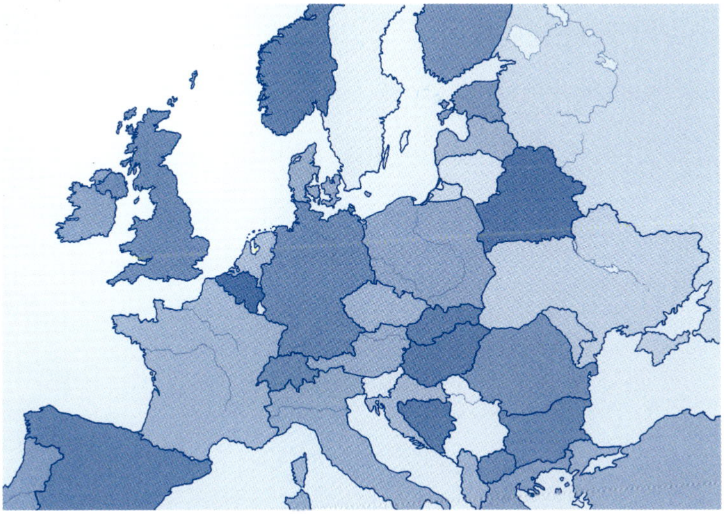

1. El señor Dupont es de París. Él es ________________________.
2. La señora Pardo es ________________________. Es de Barcelona.
3. Los amigos de Valentina son de Roma. Ellos son ____________________.
4. Las amigas de Cecilia son ____________________, de Ciudad de México.
5. Elke Losch es de Hamburgo. Ella es ____________________.
6. Yo soy Louis Lacroix, de Bruselas. Soy ____________________.
7. Me llamo Marco Oliveira, soy de Lisboa. Soy ____________________.
8. Alexandra Stark y Susanne Mayer son de Basilea.

   Son ____________________.

Bruselas – *Brüssel*
Lisboa – *Lissabon*
Basilea – *Basel*
Hamburgo – *Hamburg*

la llave – *Schlüssel*
la puerta – *Tür*
sano/a – *gesund*
enfrente de – *gegenüber von*
el ordenador – *Computer*

12

Ordnen Sie der Frage die passende Antwort zu.

1. ¿Dónde está Madrid? c
2. ¿Dónde están las llaves? b
3. ¿Qué tal estás? e
4. ¿Tus amigos están enfermos? f
5. ¿Dónde estás ahora? d
6. ¿Dónde estáis en Mallorca? a

a. Estamos en un hotel precioso en Palma de Mallorca.
b. Las llaves están en la puerta.
c. Madrid está en España.
d. Ahora estoy enfrente del ordenador.
e. Estoy muy bien, gracias.
f. No, mis amigos están sanos.

13

Wie sieht ihre Stadt oder Dorf aus? Markieren Sie, ob diese Aussagen für Ihre Stadt richtig (**R**) oder falsch (**F**) sind.

En mi ciudad hay mucho tráfico.	F
Hay muchas actividades culturales.	F
¿Monumentos grandes? Sí, hay muchos monumentos.	R
Hay pocas casas modernas.	R
Los edificios son bonitos y antiguos.	R
La gente es simpática y muy agradable.	F
En mi ciudad hay muchas zonas verdes.	R
Mi ciudad tiene muchos cines, teatros y museos.	R

1

Beantworten Sie die Fragen und wählen Sie die passende Antwort aus.
Nur eine Antwort ist richtig.

1. ¿Dónde está Valentina?
   - [x] a. Valentina está en Madrid.
   - [ ] b. Valentina está enferma.
   - [ ] c. Valentina es guapa.

2. ¿Quién está enfermo?
   - [x] a. Luis está mal.
   - [ ] b. José está muy bien.
   - [ ] c. Valentina y Luis son hermanos.

3. ¿Estás en Mallorca en un hotel?
   - [ ] a. Sí, el hotel es muy bonito.
   - [ ] b. Seguramente el hotel está en Mallorca.
   - [x] c. No, estoy en Madrid en mi casa.

4. ¿Qué tal estáis?
   - [ ] a. Sí, está muy mal.
   - [x] b. Estamos muy bien.
   - [ ] c. Están bastante bien.

5. ¿Quién está en el hospital?
   - [x] a. Miguel está en el hospital.
   - [ ] b. El hospital está en Marbella.
   - [ ] c. No, no estoy en el hospital.

6. ¿Dónde está Andalucía?
   - [ ] a. Andalucía es una región.
   - [ ] b. Andalucía es muy interesante.
   - [x] c. Andalucía está en el sur de España.

2

Schreiben Sie die fehlenden Formen von **ser** oder **estar** in die Lücken.

1. Madrid ___es___ una ciudad bonita.
2. Luis ___está___ enfermo.
3. Valentina ___es___ una chica muy simpática.
4. El hotel ___está___ en Palma de Mallorca.
5. Cecilia ___es___ mexicana.

3

Welches Adjektiv passt zu dem jeweiligen Bild? Wählen Sie das Adjektiv, welches in Geschlecht und Zahl zu dem Substantiv passt.

1. **el restaurante**
   a. cara
   b. caro
   c. caros

2. **la mujer**
   a. divertido
   b. divertidas
   c. divertida

3. **la ciudad**
   a. bonita
   b. bonito
   c. bonitos

4. **el museo**
   a. culta
   b. culturales
   c. cultural

4

Schreiben Sie die fehlenden Begriffe in die Lücken. Wählen Sie zwischen **mucho** *(viel)* und **muy** *(sehr)* aus.

1. Valentina está ________ guapa.
2. Luis trabaja ________ en la oficina.
3. Los niños comen ________ chocolate.
4. Las personas viajan ________ en autobús.
5. Los padres de Valentina son ________ simpáticos.
6. Berlín está ________ lejos de Madrid.
7. Alicia trabaja ________ en el hospital.
8. España es un país ________ interesante.

1

Lesen Sie die Sätze über Ecuador und versuchen Sie den Unterschied zwischen **ser** und **estar** zu erkennen.

▸ § 19 **ser / estar**

Ecuador **está** en el norte de Sudamérica.

Es un país muy interesante.

La capital de Ecuador **es** Quito.

El Chimborazo **es** un volcán con una altura de 6310 m.

Es un volcán activo.

La selva amazónica en Ecuador **es** muy grande y diversa.

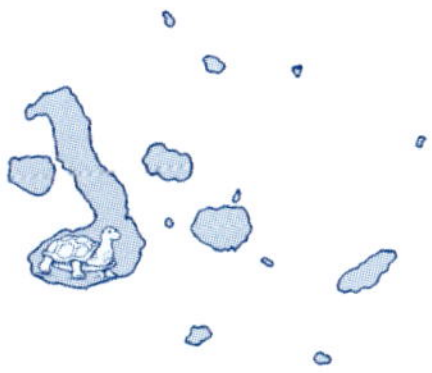

Las Islas Galápagos **están** a unos 1000 km de Ecuador.

Las ciudades más bonitas **son** Cuenca y Quito.

La mayoría de los habitantes **son** indígenas.

La Panamericana **es** una carretera que atraviesa todo el país de norte a sur.

◂ **en el norte** – *im Norden*
el país – *Land*
la capital – *Hauptstadt*
el volcán – *Vulkan*
la altura – *Höhe*
la selva amazónica – *Amazonasurwald*
la isla – *Insel*
la mayoría – *Mehrheit*
los habitantes – *Einwohner*
la carretera – *Landstraße*

2

Im Spanischen gibt es zwei Verben für das Verb *sein*: **ser** und **estar**.

Ser verwendet man z. B. um:

• Zu identifizieren:	Paula **es** mi hermana.
• Herkunft, Nationalität, Religion und Beruf anzugeben:	Paula **es** de Chile. / **es** chilena.
• Dauerhafte äußerliche und charakterliche Eigenschaften anzugeben:	Paula **es** delgada. / **es** simpática.
• Definition:	Santiago **es** la capital de Chile.
• Material, Farbe:	El coche **es** azul.

Estar verwendet man z. B. um:

• Örtliches Befinden anzugeben:	**Estoy** en Barcelona.
• Persönliches Befinden:	¿Cómo **estás**?
• Vorübergehenden oder veränderlichen Zustand anzugeben:	Luis **está** enfermo.

¡Bueno saber!

Um den Charakter einer Person zu beschreiben, verwendet man **ser** + Adjektiv. Das Adjektiv drückt eine Eigenschaft aus, die als bleibend und zum Charakter gehörend betrachtet wird. Will man dagegen einen vorübergehenden Zustand beschreiben, so benutzt man **estar** + Adjektiv.
Emilia es una chica muy simpática. *(Emilia ist ein sympathisches Mädchen.)* **Hoy está muy nerviosa.** *(Heute ist sie sehr nervös.)*

3

Ser oder **estar**? Ergänzen Sie die Sätze, indem Sie die fehlenden Verben in die Lücken schreiben.

1. La catedral ___está___ en el centro de la ciudad.
2. Silvia ___es___ de Guadalajara pero vive en Madrid.
3. Yo ___soy___ Ana. ___Soy___ española. Hoy ___estoy___ enferma.

4

Lesen Sie die Sätze über die Urlaubspläne von Valentina. Sie spricht über die Zukunft. Achten Sie darauf wie diese ausgedrückt wird.

▶ § 23 Infinitivkonstruktionen: **ir a** + Infinitiv

1. En verano **voy a viajar** a Ecuador.
2. Antes del viaje **voy a leer** una guía turística.
3. Quiero ver el Chimborazo por eso **voy a ir** a los Andes.
4. Y además **voy a nadar** en el Océano Pacífico.
5. **Voy a llevar** mi cámara fotográfica para hacer muchas fotos.
6. En Cuenca **voy a comprar** mucha artesanía porque me encanta.
7. Como hay muchos mosquitos **voy a llevar** un repelente.
8. También **voy a ver** las Islas Galápagos.

en verano – *im Sommer*
viajar – *reisen*
la guia turística – *Reiseführer*
por eso – *deshalb*
nadar – *schwimmen*
el repelente – *Insektenschutzmittel*

5

Man verwendet das Verb **ir** auch in Verbindung mit der Präposition **a**, um die Richtung oder das Ziel anzuzeigen: **ir + a**

Voy a América. *(Ich gehe nach Amerika.)*

Achtung, das Verb **ir** *(gehen)* ist unregelmäßig:

yo	**voy**
tú	**vas**
él / ella / usted	**va**
nosotros / nosotras	**vamos**
vosotros / vosotras	**vais**
ellos / ellas / ustedes	**van**

¡Bueno saber!

Der männliche bestimmte Artikel im Singular **el** verschmilzt mit den Präpositionen **a** und **de**.
Präposition **a + el = al**
Präposition **de + el = del**

Und jetzt sind Sie dran! Ordnen Sie die Verbformen von **ir** den folgenden Sätzen zu.

van – va – voy

1. Estoy enferma y __voy__ al médico.
2. Valentina __va__ a Ecuador en las vacaciones.
3. Ellos __van__ al supermercado.

¡Bueno saber!

In vielen Regionen ist diese die bevorzugte Zukunftsform, und das Futur wird als formeller empfunden.
Mañana va a ser la gran fiesta. (ir a + Infinitiv)
Mañana será la gran fiesta. (Futur)

6

ir a + Infinitiv wird oft als Futurumschreibung verwendet, besonders wenn die Handlung als unmittelbar empfunden wird, wenn eine Absicht zum Ausdruck gebracht werden soll oder wenn man über Pläne in der Zukunft spricht.

Voy a viajar a Ecuador de vacaciones.
(Ich werde im Urlaub nach Ecuador reisen.)

Tragen Sie die passende Futurumschreibung in diese Sätze ein.

1. El martes tú vas a ir al gimnasio.
2. El miércoles ella va a ir al supermercado.
3. El viernes vosotros vais a ir al restaurante.
4. El fin de semana ellos van a ir de excursión.

¡Bueno saber!

Ausdrücke, mit denen über die Zukunft gesprochen wird:
vas a ir – *du wirst gehen*
voy a ir – *ich werde gehen/fahren*
voy a visitar – *ich werde besuchen*
voy a hacer – *ich werde machen*

¡Bueno saber!

Die Frage **¿a dónde ...?** bedeutet *wohin?* Es kann auch zusammen geschrieben werden **¿adónde?**

7

Lesen Sie den Dialog zwischen Valentina und ihrer Freundin Cecilia, eine Mexikanerin. Markieren Sie die Ausdrücke, mit denen über die Zukunft gesprochen wird. Wenn Sie möchten, können Sie sich den Dialog anhören.

Cecilia: Hola Valentina, ¿a dónde vas a ir de vacaciones en septiembre?
Valentina: Todavía no estoy segura. Creo que voy a ir a Ecuador.
Cecilia: Ecuador es un país precioso. Hay muchos paisajes diferentes. Hay de todo: selva, montaña, mar... Además, es un mes fantástico para visitar las Islas Galápagos.
Valentina: ¿A cuántos kilómetros están las Islas Galápagos?
Cecilia: Están en el Pacífico, a unos 1000 kilómetros de la costa.
Valentina: Sí, voy a visitar las islas. ¿Cómo llego a las Galápagos?
Cecilia: Vas en avión desde Guayaquil. Y en las Galápagos visitas las islas en barco. Lleva una cámara fotográfica porque hay animales muy exóticos.
Valentina: Voy a hacer muchas fotos, no te preocupes. Y, en el interior del país ¿qué hay?
Cecilia: Pues, en el interior del país...

8

Hay und **está/n** beziehen sich auf Fragen und Aussagen darüber, ob etwas existiert oder wo sich etwas befindet. Wann benutzen Sie **hay** und **está/n**?

Hay *(es gibt)*: der Sprecher bezieht sich auf keine bestimmte Sache. Man verwendet es mit einem unbestimmten Artikel.

¿Hay un hotel bueno en Quito? *(Gibt es ein gutes Hotel in Quito?)*

Está/n: der Sprecher bezieht sich auf eine bestimmte Sache. Man verwendet es mit einem bestimmten Artikel.

¿Dónde está el Gran Hotel en Quito? *(Wo ist das Gran Hotel in Quito?)*

¡Bueno saber!

Hay *(es gibt)* verwendet man auch vor Substantiven ohne Artikel, vor unbestimmten Mengenangaben und vor Zahlen.
¿Dónde hay vasos y platos?
En México hay mucho tráfico.
En esta ciudad hay cuatro teatros.

Und jetzt sind Sie dran! Ordnen Sie **hay** oder **está** den folgenden Sätzen zu. In diesen Sätzen werden Präpositionen verwendet, um eine Wegbeschreibung zu geben. Rechts in der Wortschatzbox finden Sie weitere Präpositionen, die bei der Ortsangabe helfen.

1. En el centro está la plaza mayor.
2. Enfrente de la iglesia hay un edificio muy antiguo.
3. A la derecha de la iglesia está el museo de Arte Moderno.
4. Detrás del museo hay una oficina de Correos.

Präpositionen:
a la derecha de – *rechts von*
a la izquierda de – *links von*
enfrente de – *gegenüber von*
detrás de – *hinter*
delante de – *vor*
sobre – *über*
en – *in* **(La iglesia está en la ciudad.)** *am* **(El teatro está en la plaza.)**
encima de – *auf*
debajo de – *untern*
al lado de – *neben*
entre – *zwischen*
cerca de – *in der Nähe von*
lejos de – *weit weg von*

9

Transportmittel:
el avión – *Flugzeug*
el barco – *Schiff*
el tren – *Zug*
el metro, el subte *(in Lateinamerika)* – *U-Bahn*
el autobús – *Bus*
el coche, el carro *(in Lateinamerika)* – *Auto*
la moto(cicleta) – *Motorrad*
la bicicleta – *Fahrrad*
el caballo – *Pferd*

Wenn Sie angeben möchten, mit welchem Verkehrsmittel Sie sich bewegen, können Sie das mit dem **ir** + **en** + Transportmittel tun:

ir en autobús *(Bus fahren)*
ir en motocicleta *(Motorrad fahren)*

Es gibt zwei Ausnahmen: **ir a pie** *(zu Fuß gehen)* und **ir a caballo** *(reiten)*.

Und jetzt sind Sie dran! Schreiben Sie **en** oder **a** in die folgenden Sätze.

1. ¿Cómo va Luis al trabajo? Luis va __en__ metro.
2. ¿Cómo van Ángel y Carmen a casa? Ellos van __en__ coche.
3. ¿Cómo vais a la discoteca? Vamos __a__ pie.
4. Nosotros vamos al trabajo __en__ bicicleta o __en__ autobús.

10

Schreiben Sie die richtigen Formen der Verben **ser** oder **estar** in die Lücken.

hoy – *heute*
moreno – *dunkelhaarig*
el centro de la ciudad – *Stadtzentrum*

1. Hoy yo __estoy__ muy bien.
2. Valentina __está__ en Zaragoza.
3. Luis __está__ muy enfermo.
4. Ángel __es__ muy moreno.
5. Cecilia __es__ mexicana.
6. Carmen y Ángel __están__ en el centro de la ciudad.
7. Valentina __es__ la hermana de Luis.
8. Carmen, ¿cómo __estás__?

11

Lesen Sie die folgenden Zukunftspläne. Wählen Sie den richtigen Begriff aus.

1. Este año nosotros *van a pasar / vamos a pasar / va a cantar* quince días en Mallorca.
2. Yo *voy a hacer / voy a / va a tomar* un curso de español en Latinoamérica.
3. Valentina *vamos a viajar / va a escuchar / va a viajar* a Ecuador en septiembre.
4. Carmen y Ángel *vamos a pasear / van a pasear / vais a pasear* por el centro de la ciudad.
5. ¿Vosotros *van a dormir / voy a cantar / vais a comer* al restaurante Don Pepito?
6. Mañana *voy a empezar / voy a nadar / voy a comer* a estudiar.

12

Sehen Sie sich die Bilder an und schreiben Sie die konjugierte Form der Verben **ser** oder **estar** in die Lücken.

1. Miriam _está_ muy enferma. Tiene un resfriado terrible.

2. Las niñas _están_ guapísimas con estos uniformes de colegio.

3. Vosotros _sois_ Ignacio y Manuela, ¿verdad?

4. Él _es_ el abuelo de Jorge, el niño que está al lado de la piscina.

13

Sehen Sie sich die Bilder an und wählen Sie die dazu passenden Antworten aus. Nur eine Antwort ist richtig.

1

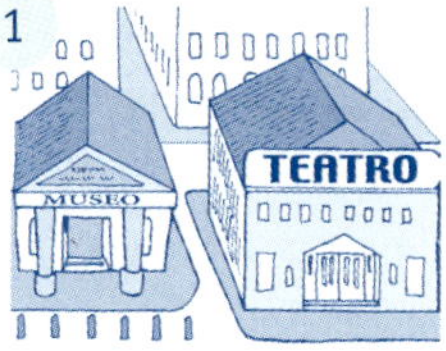

- a. El museo está a la derecha del teatro.
- b. El museo está enfrente del teatro.
- c. El museo está a la izquierda del teatro.

2

- a. Correos está al lado del teatro.
- b. Correos está entre la farmacia y la policía.
- c. Correos está al lado del parque.

3

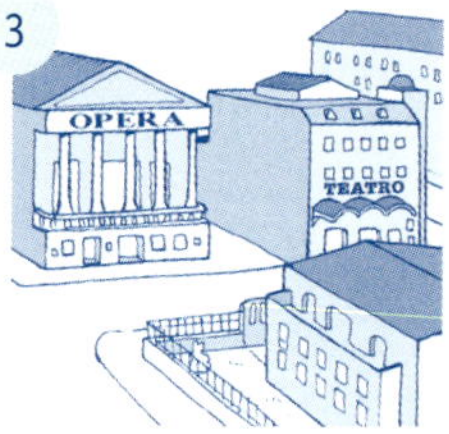

- a. La ópera está al lado del teatro.
- b. La ópera está enfrente del estadio.
- c. La ópera está en la calle Mayor.

4

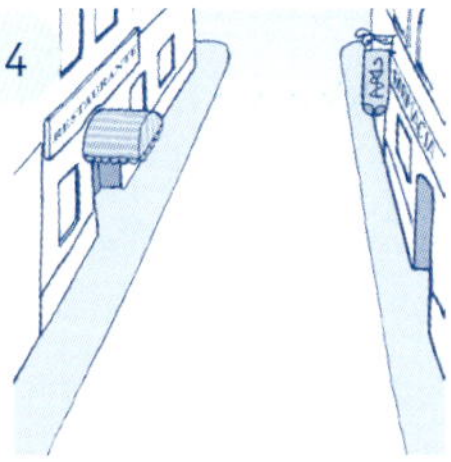

- a. El restaurante está lejos de la calle Mayor.
- b. El restaurante está enfrente de la farmacia.
- c. El restaurante está en el estadio.

5

- a. La iglesia está en la plaza de la ciudad.
- b. La iglesia está al lado del restaurante.
- c. La iglesia está en el parque.

1

Schreiben Sie die fehlenden Begriffe in die Lücken. Achten Sie genau auf die Artikel. Was müssen Sie eintragen **está/n** oder **hay**?

1. En Barcelona __hay__ una plaza muy grande.
2. ¿Dónde __está__ el Museo de Arte Reina Sofía? ¿En Madrid o Barcelona?
3. Las casas del arquitecto Antonio Gaudí ~~hay~~ __están__ en Barcelona.
4. En mi ciudad __hay__ muchas casas antiguas y muy bonitas. ✓

2

Sehen Sie sich die Bilder an und schreiben Sie die richtige Präposition in die Lücken.

1. Miguel va al trabajo __en__ moto.

2. Manuel y Gaby van al curso de español __en__ bicicleta.

3. Nosotros siempre vamos __a__ pie al gimnasio.

4. En Barcelona muchas personas van al centro __en__ metro. ✓

3

Lesen Sie die Fragen und Ausdrücke. Welche Situation passt zu dem jeweiligen Bild?

1

- a. El cine está en la plaza.
- b. El cine está lejos de la plaza.
- c. El cine está detrás de la plaza.

2
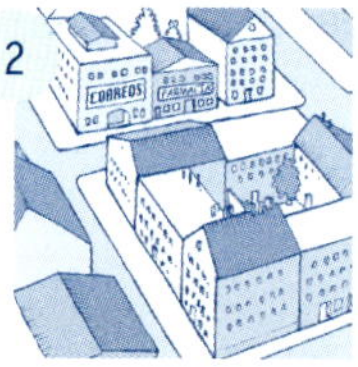

- a. Correos está a la derecha del mercado.
- b. Correos está entre la ópera y el cine.
- c. Correos está al lado de la farmacia.

3

- a. El teatro está en la plaza.
- b. El teatro está entre el supermercado y el museo.
- c. El teatro está lejos del museo.

4

Beantworten Sie die Fragen und wählen Sie die passende Antwort aus. Nur eine Antwort ist richtig.

1. ¿Cómo va Valentina a la Universidad?
   - a. Va a pie.
   - b. Va al coche.
   - c. Ve el caballo.

2. ¿A dónde vamos a comer?
   - a. Vamos en avión.
   - b. Vamos a un restaurante.
   - c. Vamos en coche.

3. ¿Cómo van los pasajeros de Lufthansa?
   - a. Van en barco.
   - b. Van a pie.
   - c. Van en avión.

4. ¿A dónde vas en las vacaciones?
   - a. Voy a Mallorca.
   - b. Estoy en Mallorca.
   - c. Voy en autobús.

1

Lesen Sie den Dialog zwischen Valentina und ihrem argentinischen Freund Miguel.

Valentina: ¿Estas vacaciones vas a visitar a tu familia a Buenos Aires?
Miguel: No, prefiero visitar a mi familia en Navidad. Voy a estar aquí, en Madrid, para estudiar. Y tú, ¿qué vas a hacer?
Valentina: Voy a ir a Ecuador en agosto. Me gusta mucho viajar y creo que es un país precioso. Además, me interesan mucho las culturas indígenas y me gustan mucho sus costumbres. En julio voy a trabajar para poder pagar el viaje y después, en agosto, de vacaciones.
Miguel: ¿Dónde vas a trabajar?
Valentina: Voy a trabajar en un despacho de abogados. Estudio Derecho. Con este trabajo puedo practicar un poco y además ganar dinero. Y tú, ¿qué vas a hacer aquí? ¿sólo estudiar?
Miguel: No, ya sabes que me gusta mucho jugar al fútbol. Además, me interesa aprender a jugar al tenis. Espero poder tomar unas clases. Y toco la guitarra. Toco con un grupo y tenemos que ensayar para un concierto en otoño.
Valentina: ¡Qué sorpresa! ¿Qué tipo de música hacéis?
Miguel: Música latina.
Valentina: Me encanta la música latina. Espero que me invites a tu concierto...
Miguel: Claro que sí. Ya estás invitada...

visitar – *besuchen*
gustar – *gefallen*
creer – *glauben*
precioso – *wunderschön*
las culturas indígenas – *Indio-Kulturen*
interesar – *interessieren*
pagar – *bezahlen*
el despacho de abogados – *Anwaltskanzlei*
practicar – *üben*
ganar dinero – *Geld verdienen*
jugar – *spielen*
tomar – *nehmen*
el otoño – *Herbst*
¡qué sorpresa! – *so eine Überraschung!*
invitar - *einladen*

gustar – *gefallen, schmecken*
los bombones – *die Pralinen*
el deporte – *Sport*
el espectáculo – *Veranstaltung*
la infusión – *Kräutertee*
la montaña – *Gebirge, Berg*

2

Was gefällt Ihnen? Eine oder mehrere Sachen? Ordnen Sie die Begriffe der richtigen Spalte zu.

Me gusta	Me gustan
el deporte	los bombones
el espectáculo	
la infusión	
la montaña	

el chocolate – los bombones – el fútbol – los deportes – el teatro – los espectáculos – el trabajo – la montaña – los trabajos en grupo

¡Bueno saber!

Anstatt **gustar** werden auch oft die Verben **encantar** *(erfreuen, sehr freuen)*, **interesar** *(interessieren)* oder **fascinar** *(faszinieren)* verwendet.
Me encantan las flores. *(Mich erfreuen die Blumen.)*
A Carolina le interesan las películas. *(Carolina interessieren die Filme.)*
Nos fascina el mar. *(Uns fasziniert das Meer.)*

Die indirekten Pronomen stehen immer unmittelbar vor dem Verb: **Me** gusta vivir en España.
Die Verneinung steht vor dem Pronomen: **No** me gusta la cerveza caliente.

3

Das Verb **gustar** wird in Verbindung mit einem Pronomen verwendet. Es sind die Dativpronomen (bzw. unbetonte indirekte Pronomen):

me	*mir*
te	*dir*
le	*ihm, ihr, Ihnen (Sing.)*
nos	*uns*
os	*euch*
les	*ihnen (m.), ihnen (f.), Ihnen (Pl.)*

Achten Sie ebenfalls auf das Verb **gustar**. Wann verwenden Sie es im Singular und wann im Plural?

Singular: wenn eine Sache (**el chocolate** – *Schokolade*) oder eine Aktivität (**nadar** – *schwimmen*) gefällt.

Plural: wenn mehrere Sachen gefallen (**los bombones** – *Pralinen*).

4

Und jetzt sind Sie dran! Ordnen Sie die Pronomen den folgenden Sätzen zu.

os gustan – me gusta – le gusta – nos gustan

1. Me gusta la música latina. *(mir)*
2. Los pueblos pequeños nos gustan mucho. *(uns)*
3. A José le gusta nadar en el mar. *(ihm)*
4. ¿Os gustan las culturas indígenas? *(euch)*

5

Ordnen Sie die Ausdrücke links den entsprechenden Ausdrücken rechts zu. Links werden Possessivpronomen verwendet, rechts dagegen, wird der Dativ mit dem Verb *gefallen* benutzt.

1. Mi deporte favorito es el tenis.
2. Sus flores preferidas son las de color amarillo.
3. Tu color preferido es el azul.
4. Nuestros libros favoritos son las novelas.
5. Vuestro número preferido es el 9.
6. Su coche favorito es el A4.

a. A vosotros os gusta el número 9. 5
b. A ti te gusta el color azul. 3
c. A nosotros nos gustan las novelas. 4
d. A ellos les gusta el coche A4. 6
e. A mí me gusta el tenis. 1
f. A ella le gustan las flores amarillas. 2

6

▶ § 27 Indirekte Pronomen

Betonte indirekte Pronomen:

a mí	*mir*
a ti	*dir*
a él, a ella, a usted	*ihm, ihr, Ihnen (Sing.)*
a nosotros / as	*uns*
a vosotros / as	*euch*
a ellos / as, a ustedes	*ihnen, Ihnen (Pl.)*

Die betonten Dativpronomen oder indirekten Pronomen (**a mí**, **a ti** etc.) können zusätzlich zu den unbetonten (**me**, **te** etc.) verwendet werden, um Missverständnisse zu vermeiden oder eine Person besonders hervorzuheben.

Aber Achtung, ein betontes Pronomen (oder Dativobjekt) kann nicht ohne das unbetonte Pronomen stehen:

(**A él**) **le** gusta el mar, pero (**a mí**) no **me** gustan las olas.

7

Schreiben Sie die betonten indirekten Pronomen in die folgenden Sätze.

1. A mí me gusta mucho ver la televisión.
2. A él le encanta el trabajo en grupo.
3. A nosotros nos interesa la política.
4. A ellos (as) les encantan los perros.

8

¡Bueno saber!

Bei **querer** handelt es sich um ein Verb der Gruppe **e ▶ ie.** Zu dieser Gruppe gehören Verben wie **empezar** *(beginnen)*, **pensar** *(denken)*, **sentir** *(fühlen)*, **perder** *(verlieren)*, **entender** *(verstehen)*, **preferir** *(bevorzugen)* u. a.

Das Verb **querer** ist unregelmäßig. Achten Sie genau auf die Formen.

e ▶ ie	**querer** *(mögen)*
yo	quier**o**
tú	quier**es**
él, ella, usted	quier**e**
nosotros / as	quer**emos**
vosotros / as	quer**éis**
ellos / as, ustedes	quier**en**

9

Und jetzt sind Sie dran! Ergänzen Sie die Sätze, indem Sie die fehlenden Formen des Verbs **querer** *(mögen)* in die Lücken schreiben.

1. Miguel no **quiere** jugar al tenis pero yo sí que **quiero** jugar al tenis.
2. Nosotros **queremos** jugar a las cartas todos los domingos por la tarde en el casino.
3. Vosotros **queréis** jugar al golf desde hace mucho tiempo.
4. ¿Tú **quieres** jugar al fútbol con nosotros?

10

▸ § 14 Unregelmäßige Verben

Das Verb **poder** *(können)* ist unregelmäßig.
Es handelt sich um ein Verb der Gruppe **o ▸ ue**. Der letzte Vokal des Wortstammes verändert sich, wenn der Stamm betont wird.

Andere Verben dieser Gruppe sind: **costar** *(kosten)*, **dormir** *(schlafen)*, **mover** *(bewegen)*, **acostarse** *(sich hinlegen)*, **volver** *(zurückkehren)*, **encontrar** *(finden, treffen)* etc.

Lesen Sie die Verbformen von **poder** laut.

- yo puedo
- tú puedes
- él, ella, usted puede
- nosotros/as podemos
- vosotros/as podéis
- ellos/as, ustedes pueden

¡Bueno saber!

Auch die Verben auf **-ocer**, **-ecer**, **-ucir** gehören zu dieser Gruppe. In der 1. Person Singular wird das **c** zu **zc**; die anderen Personen sind regelmäßig:
conocer: cono**z**co, conoces, conoce, conocemos, conocéis, conocen
traducir: tradu**z**co, traduces, traduce, traducimos, traducís, traducen
ofrecer: ofre**z**co, ofreces, ofrece, ofrecemos, ofrecéis, ofrecen

11

Bei einigen Verben ist nur die 1. Person Singular unregelmäßig. Alle anderen Personen folgen dem Schema der jeweiligen Konjugationsgruppe:

	hacer	**salir**	**saber**
yo	**hago**	**salgo**	**sé**
tú	haces	sales	sabes
él, ella, usted	hace	sale	sabe
nosotros / as	hacemos	salimos	sabemos
vosotros / as	hacéis	salís	sabéis
ellos / as, ustedes	hacen	salen	saben

12

Versuchen Sie nun das richtige Verb auszuwählen und unterstreichen Sie es!

1. Yo *salgo* / *salís* / *sale* mucho con mis amigos.
2. *¿Sabéis* / *Sabemos* / *Sabe* usted dónde hay una farmacia por aquí?
3. Tú conoces el camino pero yo no *sabemos* / *sé* / *sabéis* como llegar.

13

▶ § 14 Unregelmäßige Verben

Versuchen Sie die gesuchte Verbform anzugeben.

a. 1. Person Singular von **saber** sé
b. 1. Person Singular von **traducir** traduzco
c. 2. Person Plural von **querer** queréis
d. 1. Person Plural von **dormir** dormimos
e. 2. Person Singular von **sentir** sientes
f. 1. Person Singular von **poder** puedo
g. 3. Person Plural von **pensar** piensan
h. 1. Person Singular von **conocer** conozco
i. 3. Person Singular von **contar** ~~centa~~ cuenta

14

Schreiben Sie die entsprechenden Dativpronomen (**me**, **te**, **le**, **nos**, **os**, **les**) in die Lücken.

1. A Alejandro _le_ gusta comer patatas bravas.
2. A mí _me_ encantan los niños.
3. A todo el mundo no _le_ interesan las noticias deportivas.
4. A mis amigas y a mí _nos_ gustan las películas de terror.
5. A nadie _le_ gusta estar de mal humor.
6. A ustedes _les_ interesa demasiado mi vida privada.
7. A vosotras _os_ encanta ir de vacaciones y viajar muy lejos.
8. A ti _te_ gusta el café sin azúcar.

a todo el mundo – *allen*
a nadie – *niemandem*

15

Wählen Sie die passende Antwort aus.

1. ¿Qué color prefieres?
   - [ ] a. Prefiero el rojo.
   - [ ] b. Preferimos el rojo.
   - [x] c. Prefieren el verde.

2. ¿Qué queréis hacer hoy?
   - [ ] a. Queréis ir al zoológico.
   - [x] b. Queremos estar en casa.
   - [ ] c. Quieren cantar en el coro.

3. ¿Ustedes dónde piensan ir de vacaciones?
   - [ ] a. Piensan ir a Mallorca.
   - [ ] b. Pienso ir a América.
   - [x] c. Pensamos ir a México.

4. ¿Cuándo empezáis el curso de español?
   - [ ] a. Empiezan en mayo.
   - [x] b. Empezamos en octubre.
   - [ ] c. Empiezo mañana.

5. ¿Qué bebida prefiere tu novia?
   - [x] a. Prefiere el café.
   - [ ] b. Prefieren el té.
   - [ ] c. Prefiero un refresco.

6. ¿Cuándo empiezas a trabajar?
   - [ ] a. Empiezan la semana próxima.
   - [ ] b. Empieza el lunes.
   - [x] c. Empiezo esta misma tarde.

16

Schreiben Sie die fehlenden Verbformen in die Lücken. Das zu verwendende Verb finden Sie im Infinitiv am Ende des jeweiligen Satzes.

1. Valentina piensa todo el día en su viaje. (pensar)
2. ¿Vosotros sabéis dónde vive Cecilia? (saber)
3. Yo no entiendo lo que dices. ¿Puedes hablar más despacio, por favor? (entender)
4. ¿Qué quieres tomar, un café o un té? (querer)
5. Nosotros cocinamos y ellos ponen la mesa. (poner)
6. ¿Dónde está? Yo no lo veo. (ver)
7. ¿Cómo vuelves a casa, en taxi? (volver / tú)
8. ¿Cuánto cuestan las cebollas? (costar)

17

Diese Sätze sind durcheinander geraten. Bringen Sie die Wörter in die richtige Reihenfolge.

1. vacaciones / encanta / en / me / a / mí / estudiar / las / .

____

2. empresa / te / una / trabajar / gusta / internacional / en / ¿ / ?

____

3. ellos / fiestas / a / les / pueblos / en / gustan / las / los / .

____

4. a / gustan / nos / alemanes / Marta / y / coches / mí / a / los / .

____

5. interesa / él / a / política / la / le / .

____

6. jazz / vosotros / a / os / fascina / el / ¿ / ?

____

1

Lesen Sie die Situationen. Welche Situation passt zu dem jeweiligen Bild?

1

- a. Valentina vuelve a casa.
- b. Valentina come sopa.
- c. Valentina duerme mucho.

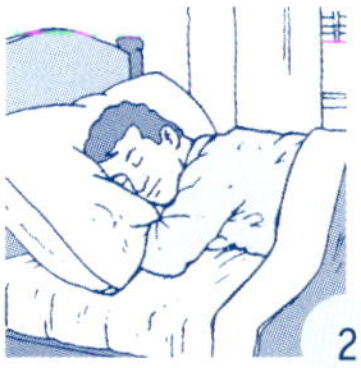
2

- a. Luis trabaja mucho.
- b. Luis duerme profundamente.
- c. Luis habla por teléfono.

3

- a. Él trabaja en una empresa.
- b. El hombre duerme en un hotel.
- c. Él quiere a su mujer.

4

- a. Juan puede hablar chino.
- b. Juan es tímido.
- c. Juan vive en Asturias.

5

- a. La chica piensa en su novio.
- b. La chica juega al tenis.
- c. La chica estudia para sus exámenes de Matemáticas.

6

- a. A Miguel le gusta correr.
- b. A Miguel le gusta el vino.
- c. Miguel prefiere el deporte en equipo.

2

Schreiben Sie die entsprechenden Dativpronomen in die Lücken.

1. A María ________ gusta el cine.
2. A ellos ________ interesa la economía.
3. A ti ________ encanta leer.
4. A nosotros ________ gusta comer comida de otros países.

3

Bringen Sie die Silben in die richtige Reihenfolge.

1. noz – co – co ________
2. déis – po ________
3. tís – sen ________
4. za – em – pie ________
5. fie – pre – res ________
6. den – tien – en ________

4

Beantworten Sie die Fragen und wählen Sie die passende Antwort aus.
Nur eine Antwort ist richtig.

1. ¿A quién le gusta ir al cine?
   - a. A José Luis le gusta ir al teatro.
   - b. A Mariana le gusta mucho ir al cine.
   - c. A mis padres les gusta estar siempre en casa.

2. ¿Os gustan los idiomas?
   - a. A nosotros nos gustan, pero no tenemos mucho tiempo para estudiar.
   - b. A ellos no les gustan otras lenguas.
   - c. Sí, a mí no y a ellos creo que tampoco les gusta la música.

3. ¿Os interesa la política?
   - a. A ti no te interesa nada la política.
   - b. A nosotros nos interesa muchísimo.
   - c. A vosotros os da igual.

1

Valentina steht heute früh auf, da sie einen wichtigen Termin hat. Lesen Sie den Dialog zwischen Valentina und ihrer Mutter. Wenn Sie möchten, können Sie sich den Dialog anhören.

Carmen: Hola Valentina. ¡Qué pronto te levantas!
Valentina: Es que tengo una cita muy importante en el despacho.
Carmen: ¿Quieres desayunar conmigo?
Valentina: Sí, pero primero voy a ducharme.
Carmen: Yo ya pongo la mesa y hago el café.

el despacho – *Büro*
el caso – *Fall*
el cliente – *Kunde*
la reunión – *Besprechung*
traer – *bringen*
acordarse – *sich erinnern*

En el baño está el hermano de Valentina:

Valentina: ¿Te falta mucho?
Luis: No lo sé, ..., sólo me afeito, me lavo los dientes y me visto y ¡ya está!
Valentina: Tengo mucha prisa.
Luis: Ya lo veo, ¿por qué?
Valentina: Tengo una reunión importante en el trabajo.

Durante el desayuno:

Carmen: ¿Con quién tienes esa reunión tan importante?
Valentina: Con un cliente nuevo, ¿te acuerdas del caso «Pérez»?
Carmen: Sí, me acuerdo.
Valentina: Pues con el Sr. Pérez.
Carmen: ¡Qué interesante!
Valentina: Sí, me interesa mucho el caso del Sr. Pérez y además gano el dinero para pagar las vacaciones...
Carmen: ¡Qué bien!
Luis: Buenos días, ya estoy aquí, ¿traigo el café?
Valentina: Por fin, me voy a duchar.

ducharse
yo me ducho
tú te duchas
él, ella, usted se ducha

-gu- > -g-
conseguir > consigo
seguir > sigo

¡Bueno saber!

Achtung! Einige Verben werden im Spanischen reflexiv gebraucht, im Deutschen aber nicht: **acostarse** *(ins Bett gehen)*, **desperstarse** *(aufwachen)*, **levantarse** *(aufstehen)*, **llamarse** *(heißen)* etc.

2

Reflexive Verben (mit Infinitivendung **-se**) verhalten sich, abgesehen von den Pronomen, wie die anderen Verben, d. h. es gibt die drei Konjugationsgruppen (**-ar**, **-er**, **-ir**). Manche verändern auch den Stammvokal:

acostarse: o ▸ ue, despertarse: e ▸ ie.

Die Reflexivpronomen stehen in der Regel vor dem konjugierten Verb. Beim Infinitiv und beim Gerundium können sie auch angehängt werden.

Se quiere duchar. Quiere ducharse.

Weitere reflexive Verben im Spanischen sind **maquillarse** *(sich schminken)*, **peinarse** *(sich kämen)*, **afeitarse** *(sich rasieren)*, **acostumbrarse** *(sich gewöhnen an)*, u. a.

Einige Verben werden sowohl reflexiv als auch nicht reflexiv verwendet. Gelegentlich haben die reflexiv verwendeten Verben eine andere Bedeutung als die nicht reflexiv verwendeten Verben. Hier nur einige Beispiele:

abrir *(öffnen)*	**abrirse** *(sich öffnen, aufgehen)*
aburrir *(langweilen)*	**aburrirse** *(sich langweilen)*
dormir *(schlafen)*	**dormirse** *(einschlafen)*
llamar *(rufen)*	**llamarse** *(heißen)*

3

Hier haben Sie einige Aktionen / Aktivitäten. Tragen Sie die reflexiven Verben in die Lücken ein.

lavarse – *sich waschen*
vestirse – *sich anziehen*
desvestirse – *sich ausziehen*

se lava – se acuestan – me despierto – os desvestís –
se ducha – te levantas – nos vestimos

1. Yo ____________________ a las 7 de la mañana.
2. Tú ____________________ a las 8.15 de la mañana.
3. Usted ____________________ a las 9.30 de la mañana.
4. Ella ____________________ los dientes todos los días.
5. Nosotras ____________________ a las 10 de la mañana.
6. Niños, ahora vosotros ____________________ y os ponéis el pijama.
7. Ellos ____________________ a las 10 de la noche.

4

Akkusativpronomen (direkte Pronomen):

me	*mich*	**nos**	*uns*
te	*dich*	**os**	*euch*
lo	*ihn, es, Sie*	**los, las**	*sie, Sie*
la	*sie, es, Sie*		

Die direkten Pronomen beziehen sich auf etwas bzw. jemanden, das bzw. der schon erwähnt wurde.

Die direkten Pronomen stimmen in Geschlecht und Zahl mit dem Wort überein, auf das sie sich beziehen, und stehen immer unmittelbar vor dem Verb.

¿Lees el periódico? No, no lo leo.
Liest du die Zeitung? Nein, ich lese sie nicht.

¡Bueno saber!

Wenn das direkte Objekt dem Verb vorangeht, muss es in Form eines direkten Pronomens wiederholt werden. Dieses Pronomen stimmt in Geschlecht und Zahl mit dem Bezugswort überein.
Las llaves las tengo yo. *Die Schlüssel, die habe ich.*

5

Die Fragen in den Bildern passen zu einer der Antworten unten. Ordnen Sie die Antworten den richtigen Bildern zu.

1

2

3

4

5

a. Los tengo en el salón. ☐
b. Las compro yo. ☐
c. Ya la he visto. ☐
d. El café lo quiero con leche y azúcar. ☐
e. Sí, hoy lo necesito. ☐

¡Bueno saber!

Bei manchen Verben verändert sich nur die Schreibweise. Verben auf **-uir**: Hier wird das **i** in ein **y** verwandelt, außer in der 1. und 2. Person Plural. **incluir:** inclu**y**o, inclu**y**es, inclu**y**e, incluimos, incluís, inclu**y**en

6

Wir wissen, dass sich bei einigen Verben der Stammvokal bei den Formen, bei denen die Betonung auf den Wortstamm fällt (das sind alle Personen außer **nosotros** und **vosotros**), ändert.

Hier noch eine weitere Gruppe: **e ▸ i**

	pedir *(bestellen)*
yo	p**i**do
tú	p**i**des
él, ella, usted	p**i**de
nosotros / as	pedimos
vosotros / as	pedís
ellos / as, ustedes	p**i**den

Dies gilt ebenso für folgende Verben: **conseguir** *(erreichen, finden)*, **elegir** *(wählen, auswählen)*, **freír** *(frittieren, braten)*, **repetir** *(wiederholen)*, **seguir** *(weitergehen, weitermachen)*, **servir** *(bedienen, dienen)*, **vestir** *(kleiden)*.

Bei den Verben **seguir**, **conseguir** und **elegir** ist außerdem zu beachten, dass es in der ersten Person Singular zu einer orthographischen Veränderung kommt, damit die Aussprache erhalten bleibt.

-gu- > -g-
conseguir > consigo
seguir > sigo

- g - > - j -
elegir > elijo

7

Und jetzt sind Sie dran! Tragen Sie die Verben in die Sätze ein.

eliges – pide – consigue – sigue

1. Valentina le ________________ el coche a su madre.
2. Él normalmente ________________ todo lo que quiere.
3. ¿Qué revistas ________________?
4. ________________ todo recto por esta calle hasta la iglesia.

8

Einige unregelmäßige Verben haben sowohl eine Veränderung des Stammvokals als auch eine unregelmäßige 1. Person Singular:

decir: **digo**, d**i**ces, d**i**ce, decimos, decís, d**i**cen
tener: **tengo**, t**ie**nes, t**ie**ne, tenemos, tenéis, t**ie**nen
venir: **vengo**, v**ie**nes, v**ie**ne, venimos, venís, v**ie**nen

Schreiben Sie die passenden konjugierten Verben in die Lücken. Am Ende des Satzes erhalten Sie einen Hinweis auf das Verb.

1. Ella ______________ 32 años. (tener)
2. Ellos ______________ que la ciudad es muy bonita. (decir)
3. ¿Tú ______________ de Barcelona o de Madrid? (venir)

¡Bueno saber!

Folgende Verben sind vollkommen unregelmäßig:
ser *(sein)*: soy, eres, es, somos, sois, son
estar *(sein)*: estoy, estás está estamos, estáis, están
ir *(gehen)*: voy, vas, va, vamos, vais, van
haber *(Hilfsverb haben)*: he, has, ha, hemos, habéis, han

9

Schreiben Sie die fehlenden reflexiven Verben in der passenden konjugierten Form in die Lücken.

1. Valentina ________________ a las siete de la mañana. (levantarse)
2. Yo ________________ después de desayunar. (ducharse)
3. Nosotros ________________ muy tarde. (despertarse)
4. Luis y Alicia ________________ para hacer la siesta todos los domingos. (acostarse)
5. Vosotras ________________ Isabel y Encarna. (llamarse)
6. Tú ________________ los dientes muy mal. (lavarse)

10

Welches Verb passt nicht? Unterstreichen Sie es.

1. pido / vengo /voy / dices
2. vamos / tenemos / repetís / elegimos
3. eliges / vienes / consigues / está
4. vienen / digo / tienen / son
5. repite / consigues / pides / vas
6. venís / conseguís / decís / eligen

11

Schreiben Sie die passenden konjugierten Verbformen in die Lücken.

traducir – tener – costar – jugar – poder – entender

1. En la oficina yo ___________ muchos documentos del inglés al español.
2. ¿Tú ___________ pasar por la casa de Valentina esta tarde?
3. Yo no ___________ nada. Habla más despacio, por favor.
4. ¿Cuánto ___________ los tomates?
5. ___________ 25 años, ¿y tú?
6. Normalmente ellos ___________ al tenis todos los lunes.

12

Lesen Sie die Fragen durch und antworten Sie darauf. **(¿Usted compra los tomates en la verdulería? Sí, los compro en la verdulería.)** Benutzen Sie dabei die Pronomen, die das direkte Objekt (das Substantiv) ersetzen (**lo**, **la** ,**los** oder **las**).

1. ¿Usted compra los libros en la librería?

   ____

2. ¿Tú vas a ver a Juana?

   ____

3. Gabriel compra el pan, ¿verdad?

   ____

4. ¿Usted quiere las revistas de moda?

   ____

5. Prefieres los vinos de Rioja, ¿verdad?

   ____

13

Vervollständigen Sie die Sätze mit der passenden reflexiven Verben.

▶ § 21 Reflexive Verben

1. Él ________________ en diez minutos. (afeitarse)
2. Yo siempre ________________ a todo rápidamente. (adaptarse)
3. Creo que ustedes ________________ demasiado. (preocuparse)
4. Eva y yo ________________ muchas veces en la calle. (encontrarse)
5. Sus amigos no ________________ a decirle nada. (atreverse)
6. Vosotros ________________ muy bien, ¿verdad? (llevarse)

14

Setzen Sie die passenden Verbformen in die Lücken.

quieren – podéis – van – quieres – va – pueden – vais

1. Vosotros, ¿a qué hora ____________ al cine?
2. Chicos, ¿____________ llamar a Chema, por favor?
3. ¿Tu hija ____________ a la universidad?
4. Si ustedes ____________, ____________ ver el piso hoy.
5. ¿____________ ustedes al Retiro?
6. ¿____________ tomar algo, Noelia?

15

Diese Sätze sind durcheinander geraten. Bringen Sie die einzelnen Wörter wieder in die richtige Reihenfolge. Passen Sie besonders auf die Position des Pronomens auf.

1. gusta / a / me / televisión / la / mí / .

   ____

2. ver / quiero / te / .

   ____

3. lo / me / dices / .

   ____

4. Valentina / hablar / a / encanta / le / .

   ____

5. me / no / a / importa / mí / .

   ____

6. hacerlo / puedo / no / .

   ____

7. los / supermercado / compro / el / en / .

   ____

8. por / la / teléfono / llamo / .

   ____

16

Setzen Sie die direkten Pronomen ein.

1. ¿Dónde está la revista? No __________ veo.
2. No veo las gafas. ¿__________ tienes tú?
3. Yo no tengo los 20 euros. __________ tiene tu hermano.
4. ¿Dónde está el bolso? No __________ veo.
5. ¿Tienes tú las cosas? Yo no __________ tengo.

1

Schreiben Sie die fehlenden konjugierten Verbformen in die Lücken.
Am Ende des Satzes erhalten Sie einen Hinweis auf das Verb.

1. ¿Cuánto ____________ el pan? (costar)
2. ¿____________ tú tiempo mañana para ir al cine? (tener)
3. Yo no ____________ mis llaves. ¿Dónde estarán? (encontrar)
4. Yo soy de Barcelona, ¿y tú, de dónde ____________? (ser)
5. Nosotros ____________ el vino tinto, ¿y ustedes? (preferir)
6. Yo no ____________ dónde está la iglesia. ¿Tú lo sabes? (saber)

2

Welche Aussage passt zu dem jeweiligen Bild? Wählen Sie die passende Antwort aus.

1

- a. Me levanto a las ocho de la mañana.
- b. Siempre me ducho con agua fría.
- c. Me visto con mucha tranquilidad.

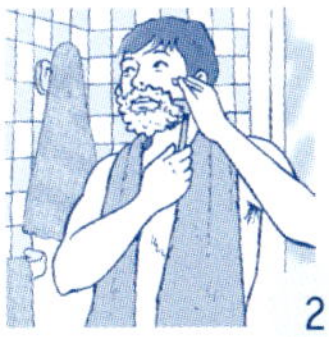
2

- a. Juan se despierta a las siete y media de la mañana.
- b. Él se peina y se afeita.
- c. Se ducha con agua caliente.

3

- a. Valentina se acuesta muy tarde.
- b. Todos los días se lava los dientes.
- c. Ella se viste.

4

- a. Valentina se despierta a las ocho.
- b. Ella se maquilla en el baño.
- c. Se mira horas y horas en el espejo.

3

Schreiben Sie die passenden Akkusativpronomen in die folgenden Sätze.

1. ¿Dónde compras los plátanos?

   ________ compro en el supermercado.

2. ¿Conoces a María?

   Sí, ________ conozco.

3. ¿Lees este libro?

   No, no ________ leo.

4. ¿Invitas a tus amigas a la cena?

   Sí, ________ invito.

4

Schreiben Sie die gesuchten Verben im Präsens in die Lücken.

1. 1ª persona del singular del verbo **ser**. ____________
2. 1ª persona del plural del verbo **lavarse**. ____________
3. 3ª persona del plural del verbo **decir**. ____________
4. 2ª persona del singular del verbo **jugar**. ____________
5. 2ª persona del plural del verbo **acostarse**. ____________
6. 2ª persona del singular del verbo **hacer**. ____________
7. 1ª persona del singular del verbo **venir**. ____________
8. 3ª persona del plural del verbo **ir**. ____________
9. 1ª persona de plural del verbo **estar**. ____________
10. 2ª persona del plural del verbo **decir**. ____________
11. 1ª persona del singular del verbo **tener**. ____________
12. 3ª persona del singular del verbo **despertarse**. ____________

1

Es gibt ein **Concierto al aire libre** *(Konzert im Freien)*. Lesen Sie was die Leute gerade in diesem Konzert machen. Ordnen Sie die Sätze nun den Übersetzungen zu.

▶ § 18 Das Gerundium / Form + Gebrauch

1. ¿Qué está haciendo el público?
   El público está aplaudiendo.
2. ¿Qué canción están cantando?
   Los cantantes están cantando una canción moderna.
3. ¿Qué está haciendo el periodista?
   El periodista está escribiendo notas.
4. ¿Qué están mirando los fotógrafos?
   No están mirando, están fotografiando.
5. ¿Cómo está tocando la orquesta?
   La orquesta está tocando muy bien.

a. *Wie spielt das Orchester gerade?*
   Das Orchester spielt gerade sehr gut.

b. *Was macht der Journalist gerade?*
   Der Journalist schreibt gerade Notizen.

c. *Was macht das Publikum gerade?*
   Das Publikum klatscht gerade.

d. *Welches Lied singen sie gerade?*
   Die Sänger singen gerade ein modernes Lied.

e. *Was schauen die Fotografen gerade an?*
   Die Fotografen schauen nicht, sie fotografieren gerade.

¡Bueno saber!

Bitte beachten Sie, es gibt auch unregelmäßige Formen!

decir ▸ diciendo
dormir ▸ durmiendo
leer ▸ leyendo
ir ▸ yendo

2

Um eine Handlung, die gerade stattfindet, zu beschreiben, verwendet man die Struktur **estar** + Gerundium:

estoy comiendo *(ich esse gerade)*

Das Gerundium lässt sich sehr leicht vom Infinitiv ableiten:
Verben auf **-ar** tauschen ihre Endung gegen **-ando**;
Verben auf **-er** und **-ir** tauschen ihre Endung gegen **-iendo**:

trabajar	▸	**trabajando**
comer	▸	**comiendo**
vivir	▸	**viviendo**

Das Pronomen muss beim Infinitiv und beim Imperativ hinter dem Verb angehängt werden, sonst muss es vorne stehen. Beim Gerundium können wir beide Formen finden.

Wenn der Satz ein Pronomen enthält, steht es entweder vor dem Verb **estar** oder es wird an das Gerundium angehängt. In diesem Fall ist ein Akzent erforderlich, damit die Betonung erhalten bleibt:

Me lo está diciendo. – Está diciéndomelo. *(Er sagt es mir gerade.)*

3

Und jetzt sind Sie dran! Wählen Sie die richtige Lösung aus. Orientieren Sie sich an den zwei Bildern.

1. Valentina está *estudiando / bailando / hablando por teléfono.*
2. Miguel está *corriendo / bebiendo un café / hablando por teléfono.*

4

Lesen Sie den Dialog zwischen Miguel, einem argentinischen Freund von Valentina, und Valentina. Sie sind in Valentinas Haus, wo sie gerade ihre Fotoalben ordnet. Wenn Sie möchten, können Sie sich den Dialog anhören.

Miguel: ¡Hola Valentina! ¿Qué estás haciendo?

Valentina: Estoy ordenando las fotos de este año. He hecho muchas fotos y estoy clasificándolas.

Miguel: ¿De dónde son estas fotos tan divertidas?

Valentina: Son de la boda de mi primo. ¿Has estado alguna vez en una boda española?

Miguel: No, nunca he estado en ninguna boda aquí. Estoy esperando la celebración de tu boda.

Valentina: ¿Qué? Creo que vas a tener que esperar mucho tiempo.

Miguel: ¿Por qué has hecho este año tantas fotos?

Valentina: Siempre hago muchas fotos, la fotografía me encanta. Especialmente este año he viajado mucho y he conocido a mucha gente y muchos lugares. ¡Mira! Éstas son de mi viaje en bicicleta por el Camino de Santiago. ¿Las quieres ver?

Miguel: Éstas ya las conozco. Pero me las puedes enseñar de nuevo, son muy bonitas.

Valentina: Tengo muchas más, mira estas otras son de mi viaje a Ecuador. ¿Te acuerdas?, este verano he estado en Ecuador. Este viaje te lo recomiendo.

Miguel: Yo ya he visitado Ecuador. Aunque no he estado nunca en las Islas Galápagos.

Valentina: ¿Tienes ganas de ir de vacaciones conmigo? Estoy planeando un viaje a Cuba, pero un viaje interesante, nada de turismo de masas.

Miguel: Voy a pensármelo. Depende de mis exámenes.

Valentina: Tú y tus exámenes...

Miguel: Tú y tus viajes...

ordenar – *ordnen*
clasificar – *sortieren*
divertido/a – *lustig*
la boda – *Hochzeit*
el primo – *Cousin*
la celebración – *Fest*
especialmente – *besonders*
el lugar – *Ort*
¡mira! – *schau!*
la bicicleta – *Fahrrad*
el Camino de Santiago – *Jakobsweg*
enseñar – *zeigen*
recomendar – *empfehlen*
el turismo de masas – *Massentourismus*

▶ § 15 Das Perfekt
Form + Gebrauch

el cine – *Kino* ▶
el extranjero – *Ausland*
la Selva Negra – *Schwarzwald*
el tráfico – *Verkehrs*
la esquina – *Ecke*

5

Die Fragen links passen nicht zu den Antworten rechts. Ordnen Sie die Begriffe zu. Können Sie hier eine Vergangenheitsform erkennen?

1. ¿Dónde habéis estado de vacaciones este verano?
2. ¿Qué película ha visto en el cine hoy?
3. ¿Has trabajado alguna vez en el extranjero?
4. ¿Con quién has ido al teatro?
5. ¿En qué supermercado habéis comprado?
6. ¿Por qué han llegado tan tarde?

a. En la Selva Negra.
b. No, nunca.
c. El Señor de los Anillos.
d. Por el tráfico.
e. En el supermercado de la esquina.
f. Con Susana.

¡Bueno saber!
Außerdem wird das Perfekt für Ereignisse gebraucht, deren Zeitpunkt nicht näher bestimmt wird bzw. keine Rolle spielt, z. B. **alguna vez** *(einmal)*, **todavía no** *(noch nicht)*, **muchas veces** *(oft)*, **nunca** *(nie/ niemals)*, **ya** *(schon)*.

6

Das Perfekt ist eine Vergangenheitsform, die mit Zeitangaben, die auf die Gegenwart hinweisen, verwendet wird: **hoy** *(heute)*, **esta mañana** *(heute morgen)*, **esta semana** *(diese Woche)*, **este verano** *(diesen Sommer)*, **este año** *(dieses Jahr)*.

Das Perfekt besteht aus zwei Teilen: Präsens Form von **haber** + Partizip vom Verb (unveränderlich) z. B. **he trabajado** *(ich habe gearbeitet)*.
Die Verben auf **-ar** (z. B. **trabajar**) bilden das Partizip mit der Endung **-ado** (z. B. **trabajado**).

Die Verben auf **-er** und **-ir** (z. B. **comer**, **vivir**) bilden das Partizip mit der Endung **-ido** (z. B. **comido**, **vivido**).
Haber im Präsens: **he**, **has**, **ha**, **hemos**, **habéis**, **han**

José war auf einer Hochzeit in Spanien eingeladen. Ordnen Sie die Verben den Sätzen zu.

hemos comido – se ha casado – ha sido

1. Un compañero ____________________.
2. La boda ____________________ hoy por la mañana en la Iglesia de San Lorenzo.
3. ____________________ en un restaurante buenísimo.

7

Im nächsten Text finden Sie Verben mit anderen Partizipien, die Sie bis jetzt wahrscheinlich noch nicht kennen, sie sind unregelmäßig. Versuchen Sie herauszufinden von welchem Verb diese Partizipien sind. Valentina erzählt ihrer Freundin Cecilia wie es heute Abend in der Diskothek war.

> Hemos **vuelto** a salir esta noche y hemos **ido** a una discoteca. La discoteca ha **abierto** a las diez de la noche. Allí hemos **visto** a muchos conocidos de la facultad. No nos han **puesto** problemas a la entrada y han **sido** muy amables con nosotras. ¿Te he **dicho** lo qué hemos **tomado**? Hemos **bebido** un cóctel exótico buenísimo. Te he **escrito** la dirección de esta discoteca en este papel.

Und? Haben Sie gemerkt welche Unregelmäßigkeiten beim Perfekt aufgetreten sind? Ordnen Sie die Partizipien den Lücken zu.

puesto – abierto – visto – vuelto

1. La discoteca ha ____________ hoy a las 10 de noche.
2. Hemos ____________ a muchos amigos.
3. Mis amigos han ____________ a salir esta noche.
4. Ustedes han ____________ muchos problemas en la entrada.

¡Bueno saber!

Unregelmäßige Formen des Partizips:

abrir ▸ abierto *(geöffnet)*
decir ▸ dicho *(gesagt)*
escribir ▸ escrito *(geschrieben)*
hacer ▸ hecho *(gemacht)*
ir ▸ ido *(gegangen)*
poner ▸ puesto *(gestellt, gesetzt, gelegt)*
ver ▸ visto *(gesehen)*
volver ▸ vuelto *(zurückgekehrt)*

8

No kann *nein*, *nicht* oder *kein/e* heißen. Es steht immer vor dem Verb. Man bildet das Perfekt aus dem Präsens des Verbs **haber** + Partizip Perfekt. Die Formen des Verbs **haber** stehen immer direkt vor dem Partizip.

Die Verneinung mit **no** würde dann vor dem Hilfsverb **haber** und dem Partizip stehen.

> Hoy **he comido** mucho.
> Hoy **no he comido** mucho.

9

Tragen Sie die folgenden Wörter in die Lücken ein.

no – ningún – nadie – nada

1. Esta mañana no he estudiado __________.
2. Cuando paseo por el parque no veo a __________ animal.
3. He tenido una visita y __________ he podido hacer todas mis cosas.
4. En toda la semana no ha venido __________ a comprar.

10

¡Bueno saber!

Die zwei Elemente des Perfekts dürfen nicht getrennt werden. Im Fall einer Verneinung steht diese nicht wie sonst üblich direkt vor dem Verb, sondern vor dem Pronomen:
No, no lo he leído. – *Nein, ich habe es nicht gelesen.*

Wenn ein Pronomen – sei es im Akkusativ oder Dativ oder sei es ein Reflexivpronomen – ein Verb im Perfekt begleitet, steht es unmittelbar vor dem Verb:

- **¿Has leído el periódico hoy?**
  Hast du die Zeitung gelesen?
- **Sí, lo he leído.**
  Ja, ich habe sie gelesen.

Wenn Akkusativ und Dativ zusammen stehen, steht das Dativ vor dem Akkusativ.

Si no lo has leído, te lo leo yo.
Wenn du es nicht gelesen hast, lese ich es dir vor.

Die indirekten Pronomen **le / les** werden zu **se**, wenn das direkte Pronomen **lo / la / los / las** folgt:

Se lo he leído yo.
Ich habe es ihm vorgelesen.

11

Schreiben Sie die Sätze mit Leerzeichnen zwischen den Wörtern, um jeweils eine Frage und ihre Antwort im Perfekt zu bekommen.

1. ¿HasvistoaAna?Sí,lahevisto.

____

2. ¿Sehanduchadoestamañana?Sí,sehanduchado.

____

3. ¿Telohadicho?No,nomelohadicho.

____

12

Sehen Sie sich die Bilder an und wählen Sie die passenden Antworten auf die Frage *was macht er/sie gerade?* aus.

1

- a. Está jugando al tenis.
- b. Está leyendo el periódico.
- c. Está comiendo.

2

- a. Está leyendo un libro.
- b. Está trabajando.
- c. Está durmiendo.

3

- a. Está hablando con su televisión.
- b. Está hablando por teléfono.
- c. Está cantando una opera.

4

- a. Se está bañando.
- b. Se está lavando los dientes.
- c. Se está duchando.

13

Valentina hat heute Geburtstag gehabt und erzählt uns was sie gemacht hat. Vervollständigen Sie die Sätze mit den richtigen Verben. Achten Sie auf die reflexiven Verben!

1. Hoy ______________________ pronto para preparar una cena muy especial. (levantarse)
2. ___________________ la casa. (decorar)
3. ___________________ a mis amigos por teléfono. (invitar)
4. Después ______________________ y ______________________ con un traje nuevo precioso. (bañarse, vestirse)
5. La fiesta _____________ un éxito. (ser)
6. ______________________ muy tarde. (acostarse)
7. ____________ un día muy especial. (ser)

14

Lesen Sie das Partizip, mit dem das Perfekt gebildet wird. Versuchen Sie, die Begriffe den Kategorien regelmäßiges oder unregelmäßiges Partizip zuzuordnen.

vivido – puesto – querido – abierto – leído – ido – comido – hecho – bailado – vuelto – jugado – visto

Regelmäßige Partizipien	**Unregelmäßig Partizipien**

15

Versuchen Sie in diesen Buchstabenschlangen das direkte Objekt zu finden, auf das sich das entsprechende Pronomen bezieht. Unterstreichen Sie dieses.

1. Lo ha visto en el fútbol.
   msdfraljugadormndsff
2. Se la ha comido muy deprisa.
   kksldlatartadechocolatemsdkdd
3. Los hemos invitado a cenar.
   anuestrosamigosalkjdsfuajdsfo
4. Lo estoy viendo desde mi ventana.
   gsjdlfelconciertomajdhdu
5. Las hemos comprado en la floristería.
   shdieolflflrplasrosas
6. Las hemos conocido en París.
   Ajsklslalasfrancesasmcisdofl

1

Sehen Sie sich die Bilder an und schreiben Sie was er / sie gerade macht.

1. Ella _______ al dominó.

2. Ellos _______ por el parque.

3. Tú _______ en una fiesta.

4. Yo _______ un libro muy interesante.

2

Schreiben Sie die fehlenden Verben im Perfekt in die Lücken.

1. Primera persona del singular del verbo **volver** _______________
2. Primera persona del plural del verbo **cantar** _______________
3. Segunda persona del singular del verbo **poner** _______________
4. Segunda persona del plural del verbo **decir** _______________
5. Tercera persona del singular del verbo **hacer** _______________
6. Tercera persona del plural del verbo **abrir** _______________

3

Sehen Sie sich die Sätze an. Welches Pronomen ist richtig?

1. Se *lo* / *le* / *la* he dicho a Juan. (el comentario)
2. *Lo* / *La* / *Le* miro y me gusta el contraste. (la foto)
3. *Le* / *La* / *Lo* ha estado bailando otra vez. (el tango)
4. *Le* / *Lo* / *La* he escrito una carta de amor. (a él / a ella)
5. *Las* / *Los* / *Les* ha cuidado mucho. (a los niños)
6. *Los* / *Las* / *Les* ha querido siempre. (a las niñas)
7. *Les* / *Los* / *Las* ha dicho la verdad. (a ellos / a ellas)

4

Ordnen Sie die Antworten den Fragen zu. Zu jeder Frage gibt es zwei mögliche Antworten. Tragen Sie die Zahl der Frage in die entsprechenden Kästchen bei den Antworten.

1. ¿Te ha gustado la película?
2. ¿Ha estado alguna vez en Chile?
3. ¿Tienen algún amigo en Guatemala?

- ▢ a. No, no me ha gustado nada.
- ▢ b. Sí, tenemos uno.
- ▢ c. No, no he estado nunca.
- ▢ d. Sí, me ha gustado mucho.
- ▢ e. Sí, he estado muchas veces.
- ▢ f. No, no tenemos ninguno.

5

Unterstreichen Sie den Begriff, der nicht zu den restlichen passt.

1. he vuelto – han ido – ha vuelto – hemos vuelto
2. jugando – cantando – riendo – hacer
3. visto – dicho – cantando – abierto
4. la – lo – las – sus
5. he – somos – has – ha
6. abro – abres – abre – ha abierto
7. ir – hablar – comer – estudiando
8. leer – estar cantando – estar riendo – estar jugando
9. he puesto – he dicho – ha puesto – habéis puesto
10. estoy – estás – está – estando
11. me – mis – te – se
12. hemos jugado – hemos buscado – hemos leído – habéis ido

1

Lesen Sie die Fragen und die Antworten. Beachten Sie, dass die Verben in einer neuen Form der Vergangenheit stehen. Ordnen Sie die Fragen den Antworten zu.

1. ¿Dónde naciste?
2. ¿En qué ciudad estudiaste?
3. ¿Cuándo te casaste?
4. ¿Dónde viviste en el año 1996?
5. ¿Cuándo escribiste una carta de amor por última vez?

a. Nací en Zaragoza.

b. Escribí una carta de amor por última vez en el año 1999.

c. Estudio todavía en Madrid.

d. No estoy casada.

e. Viví en Madrid.

nacer – *geboren werden*
la ciudad – *Stadt*
casarse – *heiraten, sich verheiraten*
la carta de amor – *Liebesbrief*

2

Lesen Sie die Sätze. Sie werden mehr Informationen über Miguels Vergangenheit bekommen. Ordnen Sie die folgende Infinitive den fettgedruckten Verben zu.

aprender – viajar – jugar – conocer – estudiar

1. Miguel **estudió** en España. Nunca ha estudiado francés. ____________
2. El año pasado él **viajó** por Europa. Este año no ha viajado todavía a Argentina. ____________
3. De niño Miguel **jugó** mucho al fútbol. Siempre ha jugado mucho con la pelota. ____________
4. Miguel **conoció** a una española en la Argentina. Esta mañana ha conocido a una argentina en España. ____________
5. Miguel **aprendió** a tocar la guitarra hace muchos años. Hoy ha tocado muy bien en el concierto. ____________

el año pasado – *letztes Jahr*
este año – *dieses Jahr*
de niño – *als Kind*
la pelota – *Ball*
conocer – *kennenlernen*
esta mañana – *heute Morgen*
tocar – *spielen*
hace muchos años – *vor vielen Jahren*
hoy – *heute*

¡Bueno saber!

Bei regelmäßigen und einigen unregelmäßigen Verben auf **-ar** und **-ir** ist die erste Person Plural **Presente** identisch mit der ersten Person Plural **Indefinido.**

3

Die Formen des Indefinido bei regelmäßigen Verben sind:
Verben mit der Endung **-ar**:
canté, **cantaste**, **cantó**, **cantamos**, **cantasteis**, **cantaron**
Verben mit der Endung **-er** oder **-ir**:
comí, **comiste**, **comió**, **comimos**, **comisteis**, **comieron**

ser und **ir** sind unregelmäßige Verben: Diese Verben haben im **Indefinido** identische Formen (die jeweilige Bedeutung wird durch den Kontext klar):
fui, **fuiste**, **fue**, **fuimos**, **fuisteis**, **fueron**

Und jetzt sind Sie dran! Schreiben Sie die fehlenden Verbformen im **Indefinido** in die Lücken.

Valentina stellt ihrem Freund Miguel diese Fragen:

1. ¿Cuándo __________ por última vez a Alemania? (viajar)
2. ¿Cuándo __________ por última vez un libro? (leer)
3. ¿Cuándo __________ por última vez un e-mail? (escribir)
4. ¿Cuándo __________ por última vez al cine? (ir)

¡oye! – *hör zu!*
decidir – *entscheiden*
venir – *kommen*
siempre – *immer*
vale – *o.k.*
difícil – *schwierig*
mayor – *älter*
el camarero – *Kellner*
el cartero – *Briefträger*
el albañil – *Maurer*
ahorrar – *sparen*
matricularse – *sich einschreiben, immatrikulieren*
pagar – *zahlen*
el abogado – *Anwalt*
los casos comerciales – *Wirtschaftsfällen*

4

Lesen Sie den Dialog. Wenn Sie möchten, können Sie sich diesen anhören.

Valentina: ¡Oye Miguel!, ¿por qué decidiste venir a estudiar a España?
Miguel: Siempre me ha atraido mucho la vida en Europa.
Valentina: Vale, pero ¿por qué a España?
Miguel: Es muy difícil estudiar en otro idioma. Y en Europa sólo se habla español aquí.
Sabes, ya soy un poco mayor y no quiero terminar mis estudios muy tarde.
Valentina: Y, ¿por qué no empezaste a estudiar antes?
Miguel: Antes trabajé.
Valentina: ¿En qué trabajaste?
Miguel: He hecho de todo. Trabajé de camarero, de cartero y de albañil. En este último trabajo decidí empezar a estudiar.
Y con el dinero ahorrado me matriculé aquí y puedo pagar mi piso.
Valentina: Y después, ¿no vas a tener problemas para trabajar como abogado en Argentina con un título español?

Miguel: Deseo dedicarme a casos comerciales internacionales. Voy a tener un título español, pero voy a seguir siendo argentino.
Valentina: ¿Casos entre empresas?
Miguel: Por ejemplo. Y tú, ¿has pensado qué vas a hacer después?
Valentina: Todavía no lo he pensado en serio.

5

Lesen Sie die Information über Valentina, Alicia und Miguel. Sehen Sie sich dazu die Karteikarten an und entscheiden Sie, welcher Satz zu welchem Bild passt.

1

2

3

a) Nací en Madrid en 1977. Estudié Medicina en la Universidad Complutense de Madrid.
b) Nací en Zaragoza en 1978. Ahora estudio Derecho en Madrid.
c) Nací en Buenos Aires en 1976. Viví en Córdoba hasta el año pasado y trabajé cuatro años.

¡Bueno saber!

Das **Indefinido** drückt Handlungen oder Ereignisse aus, die vom Sprechenden als abgeschlossen betrachtet werden. Deshalb steht das **Indefinido** häufig in Verbindung mit Zeitangaben wie z. B. **el otro día** *(neulich)*, **ayer** *(gestern)*, **la semana pasada** *(letzte Woche)*, **el mes pasado** *(letzten Monat)*, **el año pasado** *(letztes Jahr)*, **en 1970** *(1970)*.

6

Tener *(haben)* und **estar** *(sein)* sind im **Indefinido** unregelmäßig.
Sie haben beide sehr ähnliche Formen.

Indefinido von **tener** und **estar**:

Tener: tuv-e, tuv-iste, tuv-o, tuv-imos, tuv-isteis, tuv-ieron
Estar: estuv-e, estuv-iste, estuv-o, estuv-imos, estuv-isteis, estuv-ieron

Schreiben Sie das fehlende Verb in die Lücken.

1. Yo ____________ una furgoneta Volkswagen.
2. Ellos ____________ en América por primera vez en 1996.
3. Nosotros _________ muchas dificultades para comprender a los cubanos.
4. Él ____________ un periodo en España.
5. Nosotros ____________ mucha suerte en conseguir entradas.
6. Yo ____________ pensando en ti.

7

Ser *(sein)* und **ir** *(gehen)* haben die gleiche Form im **Indefinido**:
fui, fuiste, fue, fuimos, fuisteis, fueron

Lesen Sie die Sätze und entscheiden Sie, welche dargestellte Situation zu diesen passt.

1

2

3

4

- [ ] a) Yo fui a Mallorca el año pasado.
- [ ] b) Tú fuiste de joven futbolista.
- [ ] c) Nosotros fuimos de compras ayer al supermercado.
- [ ] d) Ellas fueron muy simpáticas con los clientes.

8

Verben mit unregelmäßigem Stamm (für alle gelten jedoch die gleichen Endungen):

querer: quis**e**, quis**iste**, quis**o**, quis**imos**, quis**isteis**, quis**ieron**
poner: pus**e**, pus**iste**, pus**o**, pus**imos**, pus**isteis**, pus**ieron**
decir: dij**e**, dij**iste**, dij**o**, dij**imos**, dij**isteis**, d**ijeron**
hacer: hic**e**, hic**iste**, hiz**o**, hic**imos**, hic**isteis**, hic**ieron**

querer – *wollen*
poner – *stellen, legen*
decir – *sagen*
hacer – *machen*

Bei den Verben auf **-ir**, die im Präsens einen Vokalwechsel haben (z. B. **pedir ▸ (yo) pido, divertirse ▸ (yo) me divierto**), wechselt auch im **Indefinido** der Stammvokal immer von **e** zu **i**, aber nur in der dritten Person Singular und Plural: **pidió**, **pidieron**

Einige Verben ändern ihre Schreibweise im **Indefinido**, damit die Aussprache erhalten bleibt. So werden **c**, **z** oder **g** am Ende des Wortstamms vor dem **e** der ersten Person Singular zu **qu**, **c** oder **gu**: **buscar** *(suchen)* ▸ **busqué**

Vervollständigen Sie die Sätze mit den richtigen Verbformen.

1. Yo ____________ ir a Barcelona el año pasado. (querer)
2. Él ____________ los deberes en casa. (hacer)
3. Ellos ____________ la verdad. (decir)
4. Nosotros ____________ una tortilla de patatas para la fiesta. (hacer)
5. ¿____________ tú los cuadros en la pared? (poner)
6. Mis padres ____________ ir de vacaciones con nosotros. (querer)

9

Lesen Sie die Sätze, wählen Sie die richtige Zeit aus und unterstreichen Sie diese.

1. Yo *nací / he nacido / nace* en 1968.
2. Ellos *estudian / han estudiado / estudiaron* en la universidad entre 1986 y 1992.
3. Siempre *nos ha gustado / nos gustó / nos gusta* mucho el chocolate sin leche.
4. Nunca *estuvimos / hemos estado / estamos* en Australia.
5. Este mes *estudié / estudio / he estudiado* mucho pero he estudiado poco español.
6. Me *casé / he casado / caso* en abril del año 2000.
7. Lo *escribo / escribí / he escrito* esta mañana.

10

Diese Silben einiger Verben im **Indefinido** sind durcheinander geraten. Bringen Sie die Silben in die richtige Reihenfolge.

1. mos – si – qui ____________________
2. teis – es – vis – tu ____________________
3. sie – ron – pu ____________________
4. hi – mos – ci ____________________
5. cis – hi – te ____________________
6. ron – fue ____________________
7. je – di ____________________

11

Vervollständigen Sie den Lebenslauf mit den richtigen Verben. Tragen Sie die Verben in die Lücken ein.

vivimos – estudié – nací – trabajé – tuvimos –
conocí – nos casamos – vamos

1. ____________________ en 1970 en Stuttgart.
2. Entre 1990 y 1996 ____________________ Informática.
3. Después ____________________ en la empresa Siemens.
4. En 1997 ____________________ a mi mujer.
5. ____________________ en 1999.
6. ____________________ nuestro primer hijo el año pasado.
7. Ahora ____________________ en Múnich y ____________________ a comprar una casa.

12

Lesen Sie die Begriffe und versuchen Sie zu erkennen, ob bei diesen Zeitangaben der **Indefinido** oder das **Pretérito Perfecto** verwendet wird.

este verano – siempre – en 1995 – este año – en una ocasión –
por última vez – ya – hoy – el año pasado – nunca – todavía no – una vez

Indefinido	Pretérito Perfecto

▶ § 15 Das Perfekt

▶ § 16 Das **Indefinido**

13

Schreiben Sie die passenden konjugierten Verbformen von **Indefinido** oder **Perfecto** in der 1. Person Singular in die Lücken.

1. Siempre me (gustar) ______________ mucho el fútbol.
2. En 1995 (estar) ______________ en Canarias.
3. Todavía no (conocer) ______________ al hijo de mi amiga.
4. El año pasado (comprarse) ______________ una moto.
5. Este año (ir) ______________ al casino de Montecarlo.
6. La (ver) ______________ por última vez hace dos años.
7. Este verano (bañarse) ______________ en las playas del Caribe.
8. Una vez (ir) ______________ al circo con mi abuelo.
9. Ya (ver) ______________ esa película. Es buenísima.
10. Hoy (estar) ______________ con él.
11. Nunca (ver) ______________ un eclipse de sol.
12. En una ocasión (encontrarse) ______________ un billete de 50 euros.

14

Setzen Sie die passenden Verbformen in die Lücken.

he ido – he estado – he leído – estuve – ha ganado – visité – he ido – he tomado – cumplió

1. ________________ ese libro tres veces o más.
2. ________________ una vez en América.
3. ________________ ya hoy cuatro cafés.
4. El Bayern ________________ esta noche al Real Madrid con seis goles.
5. Nunca ________________ en un concierto de José Carreras.
6. Hace dos años ________________ a mi abuela en Austria.
7. Este mes ________________ unas cinco veces al cine.
8. Mi hijo ________________ ayer siete años.
9. Hasta ahora ________________ a América en ocho ocasiones.

15

Setzen Sie die Zeitangaben in die richtigen Lücken.

el otro día – ayer – el año pasado – el sábado por la noche

1. Mi familia y yo estuvimos en Sevilla ________________ .
2. ¿No fuiste al cine ________________ ?
3. ________________ vi a Luisa paseando con sus marido.
4. ________________ no cenaron en casa. Fueron al restaurante italiano.

1

Sehen Sie sich die Bilder an und vervollständigen Sie die Sätze mit dem **Indefinido** oder dem **Pretérito Perfecto** von **estar**, **ver**, **hablar** und **escuchar**.

1. Valentina ______________ en Ecuador de vacaciones hace dos años.
2. Vosotros ______________ la película esta noche.
3. Valentina y Miguel ______________ hoy de sus vidas.
4. Yo ______________ una vez el concierto de Año Nuevo de Viena.

2

Schreiben Sie die fehlenden Begriffe in die Lücken.

1. ¿Cuál es la primera persona del singular del indefinido de **trabajar**?

   ____

2. ¿Cuál es la tercera persona del plural del indefinido de **comer**?

   ____

3. ¿Cuál es la segunda persona del singular del indefinido de **vivir**?

   ____

4. ¿Cuál es la primera persona del plural del indefinido de **estudiar**?

   ____

5. ¿Cuál es la segunda persona del plural del indefinido de **correr**?

   ____

6. ¿Cuál es la tercera persona del singular del indefinido de **escribir**?

   ____

3

Lesen Sie die Fragen und markieren Sie die richtige Antwort.

1. ¿Qué hicieron ayer?
   - a. No hicieron nada especial.
   - b. Ella estuvo descansando.
   - c. Bailé toda la noche.

2. Qué cara de cansados tenéis. ¿Dónde fuisteis el sábado por la noche?
   - a. Fuimos a una discoteca muy moderna.
   - b. Fui al mercado a comprar fruta y verduras frescas.
   - c. Fue a Barcelona.

3. Esta sopa está muy picante, ¿qué pusieron en la comida?
   - a. Ponemos los libros en la estantería.
   - b. Puse el cenicero encima de la mesa.
   - c. Pusimos un poquito de chile.

4. ¿A quién dices que quisiste tanto?
   - a. Quise muchísimo a mis abuelos.
   - b. Quiero mucho a mi familia.
   - c. Quisimos entrar, pero no pudimos.

5. No sabes guardar un secreto, ¿a cuántas personas más les dijistes eso?
   - a. No digo nada.
   - b. A nadie más. Sólo se lo dije a ella.
   - c. Ha dicho que no.

6. ¿Qué estuvo haciendo durante sus vacaciones?
   - a. Estuvo durmiendo todo el día.
   - b. El mar es genial. Me gustaron mucho las vacaciones allí.
   - c. No fui de vacaciones con ella.

4

Tragen Sie die Verbformen im **Indefinido** in die Lücken ein.

1. Valentina y Miguel ______________ de sus pasados. (hablar)
2. Valentina ______________ muchas cosas a Miguel. (preguntar)
3. Miguel ______________ a una chica española en Argentina. (conocer)
4. La novia de Miguel ______________ en Perú. (nacer)

1

Lesen Sie die Sätze und ordnen Sie diese den Bildern zu.

1

2

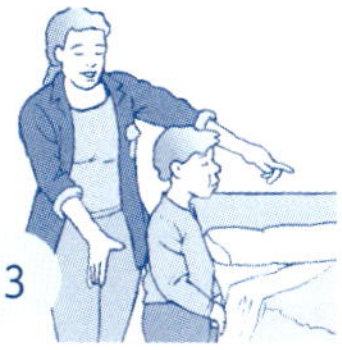
3

4

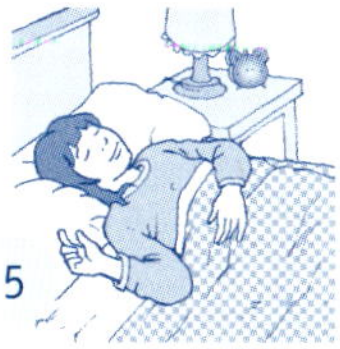
5

6

- ☐ a. Cuando era pequeña dormía muchas horas.
- ☐ b. De niño jugaba todos los domingos al fútbol con mis amigos.
- ☐ c. En Zaragoza no me gustaba ir al colegio.
- ☐ d. Cuando era pequeña iba mucho a la montaña.
- ☐ e. De pequeño nunca quería irme a dormir.
- ☐ f. Hace veinte años tenía una muñeca de trapo.

pequeño/a – *klein(e)*
de niño – *als Kind*
todos los domingos – *jeden Sonntag*
de pequeño/a – *als ich klein war*
hace – *vor*
la muñeca de trapo – *Puppe aus Stoff*
la hora – *Stunde*
el colegio – *Schule*

2

Lesen Sie was mit **Cenicienta** *(Aschenputtel)* im Märchen passiert und ordnen Sie die Sätze den Übersetzungen zu.

1. Cenicienta viajaba en una carroza con forma de calabaza.
2. Cenicienta llevaba unos zapatos brillantes.
3. Cenicienta bailaba con el príncipe.
4. A las doce se fue muy deprisa.
5. Por el camino perdió su zapato.

a. *Cinderella tanzte mit dem Prinz.*
b. *Cinderella reiste in einer Kutsche mit Kürbisform.*
c. *Auf dem Weg verlor sie einen Schuh.*
d. *Cinderella trug glänzende Schuhe.*
e. *Um 12 Uhr ging sie sehr schnell weg.*

3

Lesen Sie den Dialog, in dem Valentina erzählt, was sie als Kind gerne gemacht hat. Markieren Sie die Verben, die in einer neuen Vergangenheitsform erscheinen. Können Sie aus dem Dialog erschließen, wie man die erste Person Plural der neuen Vergangenheit (Imperfekt) vom Verb **vivir** bildet? Wenn Sie möchten, können Sie sich den Dialog anhören.

la infancia – *Kindheit*
el grupo de montaña – *Bergverein*
reunirse – *sich treffen*
caminar – *wandern*
correr peligro – *Gefahr laufen*
el/la responsable – *Verantwortliche(r)*
tener cuidado – *aufpassen*
el equipo de rescate – *Rettungsdienst*

Miguel: ¿Qué echas de menos de tu infancia?
Valentina: Echo de menos el grupo de montaña. Yo tuve una infancia muy aventurera. Pertenecía a un grupo de montaña y todas las semanas nos reuníamos y hacíamos actividades juntos. Vivíamos grandes aventuras y utilizábamos mucho la imaginación.
Miguel: ¿Hacían también escalada?
Valentina: Un poco también. Aunque lo principal era salir al campo, caminar por la montaña y divertirse en grupo.
Miguel: ¿Y corrían peligro?
Valentina: No, los responsables tenían mucho cuidado. Aunque una vez sí que pasé miedo y fue muy peligroso.
Miguel: ¿Qué les pasó?
Valentina: Fuimos a escalar. Ese día estaba nublado. Al cabo de dos horas empezó a llover y nosotros estábamos colgados de la montaña.
Miguel: ¿Y cómo bajaron?
Valentina: Nos bajó el equipo de rescate en montaña.
Miguel: Y ahora, ¿vas a la montaña?
Valentina: Sí claro, me sigue gustando muchísimo, pero ya no voy con el grupo de montaña sino con buenos amigos o con mi familia.

¡Bueno saber!

Imperfekt:
Erste Person Plural:
Verben auf **-ar** bilden das Imperfekt mit der Endung **-ábamos: trabajar – trabajábamos, hablar – hablábamos**
Verben auf **-er** und **-ir** bilden das Imperfekt mit der Endung **-íamos: beber – bebíamos, vivir – vivíamos**

Erste Person Plural des Imperfekts vom Verb **vivir**: ____________________

4

▶ § 17 Das Imperfekt / Form

Das Imperfekt (**Imperfecto**) ist eine weitere Vergangenheitsform.
Alle Verben haben regelmäßige Formen im Imperfekt außer: **ser** *(sein)*, **ir** *(gehen)* und **ver** *(sehen)*.

Das Imperfekt von Verben mit der Endung auf **-er** und **-ir** ist identisch:
él bebía, él vivía

Und jetzt sind Sie dran! Schreiben Sie das Imperfekt in die Lücken.

1. Nosotros ______________ muchas actividades juntos. (hacer)
2. El grupo ______________ con imaginación. (trabajar)
3. Nosotros lo ______________ muy bien con nuestras aventuras. (pasar)

5

Das Imperfekt wird verwendet um Zustände, wiederholte Handlungen und Gewohnheiten in der Vergangenheit zu beschreiben.

Cuando era pequeño desayunaba leche con cacao.
(Als ich klein war frühstückte ich Milch mit Kakao.)

Lesen Sie die Fragen und Antworten über die Gewohnheiten von Miguel, als er Student war, und ordnen Sie die Antworten den passenden Fragen zu.

1. ¿Dónde vivías?
2. ¿Cocinabas mucho en el piso?
3. ¿Qué hacías los fines de semana?
4. ¿Practicabas algún deporte?

a. Cocinaba espaguetis con salsa boloñesa.
b. Salía por la noche.
c. Vivía en un piso de estudiantes.
d. Jugaba al baloncesto.

¡Bueno saber!

Das Imperfekt steht häufig mit Angaben wie **antes** *(früher)*, **siempre** *(immer)*, **todos los días** *(jeden Tag)*, **mientras** *(während)*, usw.
Das **Indefinido**, mit dem neu einsetzende Handlungen ausgedrückt werden, steht häufig mit Angaben wie **entonces** *(dann)*, **de repente** *(plötzlich)*, **de pronto** *(auf einmal)*, **enseguida** *(sofort)*, **un día** *(eines Tages)*, usw.

6

Das Imperfekt wird auch zur Beschreibung vergangener Situationen verwendet, die den Hintergrund für eine neu eintretende Handlung oder ein anderes, wichtiges Ereignis bildet:

Caperucita **iba** por el bosque. De repente **encontró** al lobo.
(Rotkäppchen ging durch den Wald. Plötzlich traf sie den Wolf.)

Hilfreich für den richtigen Gebrauch der Zeiten sind folgende Fragestellung:

Was war (schon)? ▸ Imperfekt (**Hacía** calor. *Es war warm.*)
Was geschah (neu)? ▸ Indefinido (De repente **encontró** al lobo. *Plötzlich traf sie den Wolf.*)

Und jetzt sind Sie dran! Wählen Sie die richtige Verbform aus.

1. Caperucita *paseaba / pasea / paseó* por el bosque y de repente vió al lobo.
2. Colón *viajó / viajaba / viaja* a las Indias y descubrió América.
3. Todos los días *vi / veo / veía* a Pepe pero el lunes no lo vi.
4. Mientras *trabajaba / trabajó / trabaja* en el despacho era muy puntual.

7

Diese Sätze sind aus dem Dialog dieser Lektion zwischen Valentina und Miguel. Ordnen Sie die Verben den Lücken zu. Achten Sie dabei auf die Zeiten. **Indefinido** oder **Imperfecto**?

fuimos – tenía – pasaba – tuve – pasó – escalábamos – iba – hacíais – pasé – nos reuníamos – tenían

1. Echo de menos las vivencias que ______________ con el grupo.
2. ______________ una infancia muy aventurera. ______________ mucho a la montaña.
3. Todas las semanas ______________ y hacíamos actividades juntos.
4. Genial, ¿______________ también escalada?
5. Los responsables eran muy responsables y ___________ mucho cuidado.
6. Nunca ______________ miedo, pero una vez ______________ miedo.
7. Una vez ____________ a escalar. Pero normalmente no ____________.
8. Afortunadamente no nos ______________ nada.

8

Fast alle Formen des Imperfekt sind regelmäßig außer folgende:

ser *(sein)*: **era, eras, era, éramos, erais, eran**
ir *(gehen)*: **iba, ibas, iba, íbamos, ibais, iban**
ver *(sehen)*: **veía, veías, veía, veíamos, veíais, veían**

Das Imperfekt von **hay** lautet **había**.

Antes las casas **eran** pequeñas. *(Früher waren die Häuser klein.)*
La gente **iba** al trabajo a pie. *(Die Leute gingen zu Fuß zur Arbeit.)*
Yo casi no **veía** la televisión. *(Ich sah kaum Fernsehen.)*

Und jetzt sind Sie dran! Wählen Sie die richtige Lösung aus.

1. El profesor *era / éramos / erais* muy inteligente.
2. Las chicas *ibas / iban / iba* en metro a la escuela.
3. Vosotros no *veíamos / veían / veíais* las caras de sorpresa.

9

Denken Sie an die Geschichte von **Caperucita Roja** *(Rotkäppchen)* und sehen Sie sich das Bild an. Entscheiden Sie, ob die Aussagen **correctas** *(richtig)* (**C**) oder **falsas** *(falsch)* (**F**) sind.

1. Caperucita era una niña muy buena. ☐
2. Su mamá era amiga del lobo. ☐
3. Iba por el bosque con una cesta. ☐
4. Se encontró con un oso. ☐
5. Habló con el lobo. ☐
6. La abuelita estaba enferma. ☐
7. El lobo era muy bueno. ☐
8. La caperuza de caperucita era de color azul. ☐

10

Schreiben Sie das Verb im Imperfekt in die Lücken. Das zu verwendende Verb finden Sie im Infinitiv am Ende des jeweiligen Satzes.

1. ¿Qué ______________ tú de pequeña en la montaña? (hacer)
2. Yo ___________ excursiones. (hacer)
3. Me ___________ mucho la naturaleza y caminar por el campo. (gustar)
4. Lo mejor era cuando ______________ en tienda de campaña. ¡Qué aventura! (dormir)
5. No necesitaba muchas cosas porque las ______________ en una mochila. (llevar)
6. ______________ el día a día con entusiasmo y fantasía. (vivir)
7. Mi estómago se quejaba porque ______________ muchas sopas de sobre y comida de lata. (comer)

11

Imperfecto

estaba	estábamos
estabas	estabais
estaba	estaban

Indefinido

estuve	estuvimos
estuviste	estuvisteis
estuvo	estuvieron

Üben Sie jetzt die Formen der Vergangenheit vom Verb **estar** *(sein)*. Schreiben Sie diese in die Lücken.

1. Valentina ___________ el año pasado de vacaciones en Galicia.
2. Luis y Alicia ___________ aquí cuando Valentina estaba de vacaciones.
3. Los padres de Valentina ___________ en 1992 en la Expo de Sevilla.
4. Yo no ___________ en su cumpleaños.
5. ¿___________ tú en casa el lunes por la tarde?
6. Seguro que vosotros dos ___________ pensando en ir al cine.
7. Después de jugar al tenis Luis y yo ___________ cansados.
8. Yo ___________ en casa y entonces llamó por teléfono.
9. Mi mujer y yo ___________ cenando con ellos hace dos meses.

12

Lesen Sie die Sätze von verschiedenen Märchen und entscheiden Sie, ob die Verbformen Imperfekt oder Indefinido sind.

1. Cenicienta **bailaba** con el príncipe. ______________________
2. Cenicienta **perdió** un zapato. ______________________
3. Hansel y Gretel **eran** hermanos. ______________________
4. La casita que **encontraron** Hansel y Gretel **era** de chocolate.

   ______________________ ______________________
5. Caperucita Roja **iba** a ver a su abuelita. ______________________
6. Caperucita **se encontró** con el lobo. ______________________
7. Blancanieves **vivía** con los siete enanitos. ______________________
8. Blancanieves **comió** una manzana. ______________________

13

Ordnen Sie die Verben den Sätzen zu.

propuso – era – queríamos – estábamos – íbamos

(1) ______________ tardísimo, todos (2) ______________ muy cansados y (3) ______________ irnos a casa. (4) ______________ a tomar un taxi, cuando Ana, de repente, (5) ______________ ir a desayunar chocolate con churros.

14

Imperfecto oder **Indefinido**? Wählen Sie die richtige Lösung aus.

1. Cuando *era / fui* pequeña siempre *iba / fui* al circo.
2. Mientras *estudiaba / estudié* Derecho Comercial *leía / leí* tu artículo.
3. Una vez *iba / fui* al Museo del Prado aunque no me *gustaban / gustaron* nada los museos.
4. Durante el tiempo en el que *vivía / viví* con mis padres nunca *hacía / hice* nada en casa.
5. Cada día *veía / vi* a los amigos de Juan.
6. Cuando *paseaba / paseé* por la calle me *encontraba / encontré* un billete de cien euros.
7. En el metro me *robaban / robaron* el bolso pero no *llevaba / llevé* nada de valor.
8. Siempre *llegaba / llegué* a las ocho de la tarde.

15

Imperfecto oder **Indefinido**? Schreiben Sie die richtige Form in die Lücken.

1. ¿Tú no (dar) ____________ antes un paseo todos los días?
2. (nosotros, estar) ____________ cenando tranquilamente, cuando nos lo (ellos, decir) ____________.
3. ¿(vosotros, ir) ____________ al cine ayer por la noche?
4. Cuando (yo, ser) ____________ pequeña me (encantar) ____________ ir a la playa.
5. El año pasado (ellos, viajar) ____________ a Cuba.
6. (hacer) ____________ tanto frío que (nosotros, decidir) ____________ volver a casa.
7. El otro día (yo, ver) ____________ a María hablando con Luisa.
8. Él antes (almorzar) ____________ en la cantina de la empresa.

1

Lesen Sie die Sätze. Wählen Sie das richtige Verb aus.

1. Caperucita *hablaba / hablabas / hablamos* con el lobo.
2. Blancanieves *vivían / vivíamos / vivía* con los siete enanitos del bosque.
3. Cenicienta *bailabas / bailaba / bailabais* con el príncipe.
4. Hansel y Gretel *comían / comía / comías* mucho chocolate.
5. La bella durmiente *dormían / dormíamos / dormía* mucho.
6. Los patitos *seguían / seguía / seguíais* a su mamá.
7. El flautista de Hamelin *tocaban / tocaba / tocabais* la flauta.

2

Schreiben Sie die passenden Verben in die Lücken.

1. Erste Person Singular Imperfecto von **ir**: ______________
2. Erste Person Plural Imperfecto von **comer**: ______________
3. Erste Person Singular Indefinido von **ser**: ______________
4. Zweite Person Plural Imperfecto von **estar**: ______________
5. Erste Person Singular Indefinido von **estar**: ______________
6. Erste Person Singular Indefinido von **llamar**: ______________
7. Dritte Person Plural Imperfecto von **escribir**: ______________
8. Erste Person Singular Indefinido von **leer**: ______________
9. Zweite Person Singular Imperfecto von **leer**: ______________
10. Dritte Person Plural Imperfecto von **poner**: ______________

3

Sehen Sie sich die Bilder an und schreiben Sie das passende Verb im Imperfekt in die Lücke.

1. Ella ___________ inglés en el colegio.

2. Nosotros ___________ grafitis en las paredes.

3. Ustedes ___________ en América en unas camas muy grandes.

4. Tú ___________ por el bosque en invierno.

4

Spielen Sie Domino mit Verben. Der **Indefinido** muss das entsprechende **Imperfekt** finden, der mit demselben Personalpronomen gebildet wurde.

1.	jugabais	esperó
2.	vivíais	toqué
3.	estábamos	corriste
4.	trabajasteis	escribía
5.	esperaba	jugó
6.	estaba	fuimos
7.	íbamos	trabajabais
8.	iba	estuvimos
9.	leyeron	fui
10.	corrías	vivisteis
11.	comía	estuve
12.	tocaba	limpiamos
13.	jugaba	comí
14.	escribí	leían
15.	limpiábamos	jugasteis

1

Lesen Sie die Sätze, die beschreiben, wie Sie ein **Gazpacho** zubereiten können. Die fettgedruckten Verben sind in einer neuen Verbform.

1. **Prepare** una sopa fría: gazpacho.

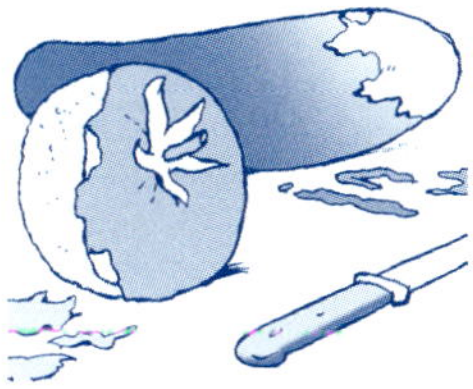

2. **Pele** los tomates y los pepinos.

3. **Corte** los tomates y los pepinos en trozos.

4. **Condimente** el gazpacho con un poco de pimiento verde y un diente de ajo.

5. **Añada** un poco de miga de pan.

6. **Eche** sal, aceite y vinagre.

7. **Triture** todos los ingredientes.

8. **Añada** agua.

9. **Coma** el gazpacho muy frío.

el pepino – *Gurke*
en trozos – *in Stücken*
el pimiento – *Paprika*
el diente de ajo – *Knoblauchzehe*
la miga de pan – *Brotkrümel*
el aceite – *Öl*
el vinagre – *Essig*
cortar – *schneiden*
añadir – *zugeben*
pelar – *schalen*
echar – *zufügen*
preparar – *vorbereiten*
condimentar – *würzen*
triturar – *mixen*
comer – *essen*

2

Lesen Sie die Sätze und versuchen Sie dabei die Form des Verbs zu verstehen. Ordnen Sie die Sätze den Bildern zu.

seguir – *folgen*
el consejo – *Ratschlag*
la verdura – *Gemüse*
la fruta – *Obst*
dejar de – *aufhören zu*
el deporte – *Sport*
poco/a – *wenig*
pasear – *spazieren gehen*

a. Para mantenerte joven **sigue** estos consejos.
b. **Come** verduras y frutas.
c. **Bebe** mucha agua.
d. **Deja** de fumar.
e. **Duerme** mucho.
f. **Haz** deporte.
g. **Bebe** poco café.
h. **Pasea** por el campo.

3

Alicia und Luis essen in einem Restaurant und sprechen über das, was sie gerade gegessen haben. Lesen Sie dieses Gespräch. Wenn Sie möchten, können Sie sich das Gespräch anhören.

el pollo al ajillo – *Hühnchen in Knoblauchsoße*
el secreto – *Geheimnis*
cocinar – *kochen*
freír – *frittieren*
el camarero – *Kellner*
la receta – *Rezept*

Alicia: La comida estaba buenísima. ¿Cómo se hace el pollo al ajillo?
Luis: El secreto está en echarle un buen vino.
Alicia: ¿Tú sabes cocinar esto?
Luis: Sí, es muy fácil. Primero fríe el pollo con aceite de oliva. Después añade dientes de ajo enteros y cúbrelo todo con un buen vino y cuécelo durante una hora. Eso es todo.
Alicia: No puede ser tan fácil. Le voy a preguntar al camarero... Camarero por favor, ¿nos puede dar la receta del pollo al ajillo?
Camarero: Un momento, le voy a preguntar al cocinero.

Camarero: Tiene que freír el pollo. Después añada vino y cuézalo lentamente con mucho ajo. Eso es todo.

Alicia: Tenías razón.

Luis: Tú piensas que sólo tú sabes cocinar, pero yo también cocino muy bien.

Alicia: Pienso así porque todavía no me has demostrado lo bien que cocinas.

Luis: El próximo fin de semana te voy a preparar una comida de categoría. ¿Tomamos café?

lentamente – *langsam*
tener razón – *Recht haben*
demostrar – *zeigen*
el fin de semana – *Wochenende*

4

Der Imperativ wird nicht nur verwendet um Befehle zu geben, sondern auch für Ratschläge.

Die Formen sind:

	tú	**usted**	**ustedes**
cantar	**canta**	**cante**	**canten**
correr	**corre**	**corra**	**corran**
vivir	**vive**	**viva**	**vivan**

Die Formen von **-er** Verben und **-ir** sind identisch.

¡Bueno saber!

Das Verb **tener + que** zeigt eine Verpflichtung an. **Tienes que comer.** *(Du musst essen.)* Auch **hay + que** zeigt eine Verpflichtung an: **Hay que trabajar de lunes a viernes.** *(Von Montag bis Freitag muss man arbeiten.)*

Und jetzt sind Sie dran! Schreiben Sie den Imperativ in die Lücken.

1. ______________ usted una bombilla de 50 vatios. (utilizar)
2. ______________ usted la impresora al ordenador. (conectar)
3. Para grabar ______________ usted las teclas play y rec. (pulsar)

5

> **¡Bueno saber!**
> Für die Imperativform von **vosotros/as** wird das **-r** des Infinitivs durch ein **-d** ersetzt: **tú come**, **vosotros comed**. Diese Form wird sehr oft falsch von den Spaniern benutzt, weil sie phonetisch schwierig ist: **venid**, **poned**, **tened**, **haced**, **decid**, **id**.

Auch im Imperativ gibt es einige unregelmäßige Verben. Schauen Sie sich diese genauer an. Sehen Sie die Ähnlichkeit in den Formen von **usted** und **ustedes**?

Einige unregelmäßige Verben:

	tú	**usted**	**ustedes**
venir *(kommen)*:	**ven**	**venga**	**vengan**
poner *(stellen)*:	**pon**	**ponga**	**pongan**
tener *(haben)*:	**ten**	**tenga**	**tengan**
hacer *(machen)*:	**haz**	**haga**	**hagan**
decir *(sagen)*:	**di**	**diga**	**digan**
ir *(gehen)*:	**ve**	**vaya**	**vayan**

Por favor María, pon la mesa. *(Bitte María, deck den Tisch.)*
José María, ven ahora mismo. *(José María, komm sofort her.)*

Und jetzt sind Sie dran! Ordnen Sie die Imperative den Lücken zu.

haz – ven – vean – tenga – digan – pon

1. Por favor María, ____________ la mesa.
2. José María, ____________ ahora mismo.
3. ____________ la verdad.
4. ____________ cuidado con el paquete.
5. ____________ la comida con poca sal.
6. ____________ lo que están haciendo.

> **¡Bueno saber!**
> Damit die ursprüngliche Betonung des Verbs auch bei angehängtem Pronomen erhalten bleibt, erhalten Imperativ- und Gerundiumsformen in diesem Fall einen Akzent: **Explícamelo, por favor.**

6

An den bejahten Imperativ werden die Pronomen immer angehängt. (Vgl. auch Infinitiv und Gerundium): **déjalo**.

Stehen Dativ- und Akkusativpronomen zusammen, so kommt jeweils Dativ vor Akkusativ (3. Fall vor 4. Fall).
Explíca-**me**-**lo**, por favor. (**me** = Dativpronomen, **lo** = Akkusativpronomen)
Erklär es mir, bitte.

In der 3. Person werden **le** und **les** zu **se**:
Regála**se**lo a Valentina.

7

Lesen Sie die Sätze. In allen Sätzen finden Sie den Imperativ in Verbindung mit Pronomen. Können Sie die Pronomen markieren?

1. ¡Lávate las manos!
2. ¡Dígame! – ¿Puedo hablar con Pedro, por favor?
3. Explícamelo, por favor.
4. Regálaselo (a Valentina).

8

Die Pronomen – sei es im Akkusativ oder Dativ – werden im Imperativ an das Verb angehängt (im Gerundium und Infinitiv ist dies auch möglich, aber nicht beim verneinten Imperativ).

Ordnen Sie die fehlenden Wörter den Lücken zu.

1. ¿Qué están escribiendo esos chicos? __________ una carta a sus padres.
2. Tu trabajo está muy bien, ________________ al profesor.
3. ¡Qué flores más bonitas! ________________ a Alicia.
4. Para encontrarse bien hay que ____________ después de hacer deporte.

a. Regálaselas
b. tomarlo
c. enséñaselo
d. Están escribiéndoles

9

Im Spanischen gibt es einen bejahten Imperativ für Dinge, die jemand tun soll, und einen verneinten für Dinge, die jemand nicht tun soll.

Die Formen des verneinten Imperativs haben in den Endungen die umgekehrten Vokale im Vergleich zu ihren Infinitivendungen. Sie sind identisch mit den Formen des **Presente de subjuntivo**. In den Höflichkeitsformen **(usted/es)** unterscheiden sich der bejahte und der verneinte Imperativ nicht.

Achtung: Beim verneinten Imperativ dürfen die Pronomen nicht angehängt werden, sie stehen direkt vor dem Imperativ.

¡No te acuestes tarde! *(Geh nicht spät ins Bett!)*

Verbos en -ar

tú	no cantes
usted	no cante
ustedes	no canten

Verbos en -er

tú	no corras
usted	no corra
ustedes	no corran

Verbos en -ir

tú	no escribas
usted	no escriba
ustedes	no escriban

10

Schreiben Sie die Verben im Imperativ in die Lücke.

1. No ______________ patatas fritas. (comer, ustedes)
2. No ______________ con flash. (fotografiar, tú)
3. No ______________ pantalón corto. (llevar, usted)
4. No ______________ a los rezantes. (molestar, ustedes)
5. No ______________ dentro de la iglesia. (fumar, tú)
6. No ______________ con su perro. (entrar, usted)

11

Sehen Sie sich die Bilder einer **tortilla de patatas** – *Omelett mit Kartoffeln* – an und schreiben Sie die entsprechenden Verben im Imperativ (in 2. Person Singular) in die Lücken.

batir – dar – pelar – comprar – freir

1. __________ un kilo de patatas y media docena de huevos.

2. __________ las patatas y córtalas en trozos.

3. __________ las patatas con mucho aceite de oliva y muy caliente.

4. __________ los huevos y mézclalos con las patatas.

5. Haz la tortilla por un lado y __________ la vuelta a la tortilla.

12

Bilden Sie mit diesen Wörtern einzelne Sätze.

1. verdad / la / di / .

____

2. a / vayan / Toledo / visitar / .

____

3. a / a / la / ve / por / las / medicinas / farmacia / .

____

13

Schreiben Sie die Verben im Imperativ **(usted)** in die Lücken. Es handelt sich um Vorschläge von einem Arzt an seinen Patienten für die Gesundheit und zur Vermeidung einer Erkältung.

1. Si desea vivir mucho tiempo __________ sano. (comer)
2. __________ mucho para mantenerse jóven. (dormir)
3. __________ sin estrés para evitar el cansancio. (trabajar)
4. Si no quiere estar resfriado __________ un zumo de naranja. (beber)
5. __________ deporte a menudo. (practicar)
6. En las vacaciones __________ mucho. (descansar)
7. Para sentirse mejor __________ en un lugar tranquilo. (vivir)

sano/a – *gesund*
joven – *jung*
mantenerse – *bleiben*
a menudo – *oft*
descansar – *ausruhen*

14

Lesen Sie die Sätze und vervollständigen Sie diese. Welches Verb im Imperativ passt? Markieren Sie das richtige Verb.

1. Paco, *déjalo / dejadlo / déjelo* en la mesa.
2. Señor López, por favor, *cómete / cómase / cómanse* todo.
3. Señores, *visítenle / visitadla / visítenla* por la noche.
4. María, *enséñaselo / enséñenselo / enseñadlo* en la biblioteca.
5. Por favor, *hazlo / hágalo / haz* rápido.

15

Schreiben Sie die gesuchten Verben in die Lücken.

1. Dritte Person Singular Imperativ von **venir** ____________
2. Dritte Person Singular Imperativ von **poner** ____________
3. Zweite Person Singular Imperativ von **hacer** ____________
4. Dritte Person Plural Imperativ von **decir** ____________
5. Dritte Person Singular Imperativ von **ir** ____________
6. Zweite Person Singular Imperativ von **tener** ____________
7. Dritte Person Plural Imperativ von **cocinar** ____________
8. Dritte Person Singular Imperativ von **añadir** ____________
9. Dritte Person Plural Imperativ von **correr** ____________
10. Zweite Person Singular Imperativ von **cantar** ____________
11. Dritte Person Plural Imperativ von **trabajar** ____________

16

Tragen Sie die Verben in die richtigen Lücken ein.

salgas – abras – cocines – vayas – comas – fumes – beba – digas

1. Cuando salgas, no ____________ sola por la noche por la gran ciudad.
2. Si deseas tener una buena figura, no ____________ muchas grasas.
3. No le ____________ la puerta a nadie a partir de las diez de la noche.
4. Las carreteras están heladas, por favor, no ____________ tan tarde hacia Madrid.
5. No ____________ en un hospital porque es una gran falta de respeto hacia los pacientes.
6. No ____________ alcohol si conduce.
7. Todo lo que te he contado es un gran secreto y por eso no ____________ nada a nadie.
8. No ____________ con tanto aceite porque me sienta mal.

1

Schreiben Sie die Verben im Imperativ 2. Person Singular in die Lücken.

jugar – comer – practicar – escribir – estudiar – llevar

1. ____________________ toda la sopa.
2. ____________________ deporte.
3. ____________________ los deberes.
4. ____________________ con tus amigos.
5. ____________________ los zapatos a su sitio.
6. ____________________ un poco de inglés.

2

Lesen Sie die Fragen und markieren Sie die richtige Antwort.

1. ¿Se puede fumar aquí?
   - a. No fumes, está prohibido.
   - b. Baja a la calle con Marta.
   - c. No te bañes porque el agua está muy fría.

2. Hace mucho calor, ¿qué ropa me pongo?
   - a. No salgas por la noche.
   - b. Ponte el pantalón corto.
   - c. Mira por la ventana.

3. Me duele mucho la cabeza, ¿qué puedo hacer?
   - a. Piense en su jefe.
   - b. Descanse un poco más y no trabaje tanto.
   - c. Vaya a la discoteca.

4. ¿Venís al cine?
   - a. Nuestra madre no nos deja salir. Ha dicho: "hoy quedaos en casa".
   - b. Tengo una bicicleta azul.
   - c. Mañana va a hacer buen tiempo.

5. No podemos dejar al perro en casa, ¿lo llevamos con nosotros?
   - a. No vayas con los chicos mayores.
   - b. Deja la maleta en casa.
   - c. En el avión pone en un cartel: "No viaje con animales."

3

Welche Aussage passt zu dem jeweiligen Bild? Wählen Sie die passende Antwort aus.

1

- a. Siéntense aquí.
- b. Duerman aquí.
- c. Coman aquí.

2

- a. Beban un refresco.
- b. Pónganlas en marcha.
- c. Canten una canción.

3

- a. Hagan los ejercicios de redacción.
- b. Hablen por teléfono.
- c. Tengan cuidado por la carretera.

4

- a. Duerman en este hotel.
- b. Cocinen una paella.
- c. Pinten la pared.

5

- a. Viajen en barco.
- b. Vayan en este autobús.
- c. Conduzcan un taxi.

6

- a. Hagan muchos ejercicios.
- b. Duerman un poco.
- c. Coman mucho.

1

Lesen Sie die Sätze. Versuchen Sie dabei auf die Präpositionen **por** und **para** zu achten. Ordnen Sie die Sätze den Bildern zu.

a. Este paquete es para mí.
b. Ellos no llamaron por no tener tiempo.
c. El avión para Cuba sale a las 10 de la mañana.
d. Caminamos por las playas de Varadero.
e. Esto no es problema para el director de la película.
f. ¿Qué te gusta tomar para desayunar?
g. ¿Cuál es la solución para el problema?
h. Por la noche no tomo nunca café.
i. El tiempo libre es muy importante para el desarrollo personal.
j. No tengo tiempo para pasar por su casa.

1

2

3

4

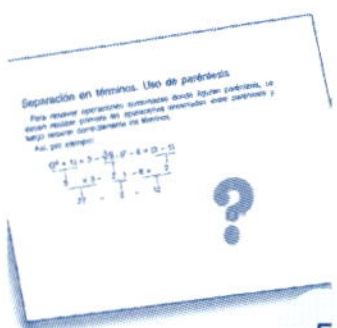
5

6

7

8

9

10

2

¡Bueno saber!

Hier noch einige feste Redewendungen, die Sie sich merken sollten:
mit **por: por cierto** *(übrigens)*, **por fin** *(endlich)*, **por favor** *(bitte)*, **gracias por** *(danke für)*
mit **para: apto para** *(geeignet für)*, **útil para** *(nützlich für)*.

para wird benutzt:
- um ein Ziel zu beschreiben
- um eine Meinung auszudrücken
- um eine Zeitdauer zu begrenzen

por wird benutzt:
- um eine Ursache auszudrücken
- um ein Durchgangsweg zu beschreiben
- um einen Zeitpunkt zu beschreiben, der nicht genau definiert ist
- für Tageszeitpunkte
- für Transport- und Kommunikationsmittel

In diesen Beispielen lernen Sie wann **para** und **por** benutzt wird:

Voy para Veracruz. *(Ich gehe nach Veracruz.)*
Me gusta el rojo para vestir. *(Ich trage gern rot.)*
La cena estará preparada para las diez.
(Das Essen wird um 10 Uhr fertig sein.)
Luchan por la libertad. *(Sie kämpfen für die Freiheit.)*
Para ir al trabajo paso por el parque.
(Um zur Arbeit zu gehen, gehe ich durch den Park.)
Él se levanta muy tarde por las mañanas.
(Er steht morgens sehr spät auf.)

Und jetzt sind Sie dran! Schreiben Sie **por** oder **para** in die Lücken.

1. Estamos ________ el centro de la ciudad.
2. Estos ejercicios son ________ el lunes.
3. Trabajan ________ vivir.
4. Todos los días hago deporte ________ la tarde.

3

Lesen Sie den Dialog zwischen Valentina, Luis und Cecilia, der mexikanischen Freundin von Valentina, die nach Kuba reisen wird. Wenn Sie möchten, können Sie sich den Dialog anhören.

la academia de cine – *Filmakademie*
la beca – *Stipendium*
realizar – *realisieren, Regie führen*

Luis: Cecilia, ¿por qué has elegido Cuba para estudiar?
Cecilia: En Cuba hay una academia de cine muy buena. Y, además, me han concedido una beca para realizar una película allí.
Valentina: ¡Ah! Por eso te vas a Cuba. ¿Ya sabes sobre qué tema la vas a hacer?

Cecilia: Tengo una idea: me interesa mucho la situación política de Cuba y quiero investigar a fondo cuáles son las perspectivas de futuro para el pueblo cubano.

Valentina: ¡A ver si te haces famosa!

Cecilia: Más que la fama, lo que me interesa es poder transmitir la realidad. Se habla mucho sobre Fidel Castro, pero lleva muchos años en el poder y quiero rodar el porqué.

Luis: Hace poco vi un documental en la televisión del turismo y de su influencia en la economía cubana. Fue muy interesante.

Cecilia: Sí, yo también lo vi.

Valentina: Es fascinante el poder de los medios de comunicación. Aunque, ¿es verdad todo lo que nos cuentan?

el pueblo – *Volk*
famoso/a – *berühmt*
la fama – *Ruhm*
la realidad – *Wirklichkeit*
el poder – *Macht*
la influencia – *Einfluss*
la economía – *Wirtschaft*

4

Wir haben drei verschiedene **se** in der spanischen Grammatik:

1. **Se** als Reflexivpronomen:
   El se lava los dientes. *(Er putzt sich die Zähne.)*
2. **Se** als Dativpronomen: in Verbindung mit einen Akkusativ:
   Se lo digo. *(Ich sage es ihm.)*
3. **Se** als unpersönliche Form: für Sätze mit unbestimmtem Subjekt:
   Se dice que el sol es malo para la piel.
   (Man sagt, dass die Sonne schlecht ist für die Haut.)

Und jetzt sind Sie dran! Ordnen Sie die Sätze den Formen von **se** zu.

Se Unpersönliche Form – **Se** Dativpronomen – **Se** Reflexivpronomen

1. Juan **se** lo contó todo a su madre. ______________
2. **Se** comenta por la ciudad la subida de los impuestos. ______________
3. **Se** lava todas las mañanas con agua y jabón. ______________

¡Bueno saber!

Warum **se** als Dativpronomen verwendet wird, hat einen phonetischen Grund, denn **lo** würde direkt auf **le** folgen und das würde nicht gut klingen.
Weiterhin gibt es ein **sé** mit Akzent: 1. Person vom Verb **saber**.
Yo sé. *(Ich weiß.)*

5

In allen folgenden Sätzen finden Sie das Wort **se**. Es hat jedoch in den einzelnen Sätzen verschiedene Bedeutungen. Lesen Sie sich die Sätze genau durch und überlegen Sie sich, was das Wort **se** bedeuten kann.

Beispiel: Ella **se** lava los dientes. Reflexivpronomen sich

1. ¿Le compraste los billetes de avión? Sí, **se** los compré por internet. ____________________
2. En Europa **se** habla mucho del turismo en Cuba. ____________________
3. **Se** afeita con maquinilla eléctrica. ____________________
4. Ella **se** sentó a mi lado a ver la película. ____________________
5. En el mundo del cine **se** necesita mucho capital. ____________________

6

¡Bueno saber!

Denken Sie daran, dass das Dativpronomen **le / les** zu **se** wird, wenn es mit einem Akkusativpronomen in der 3. Person zusammen steht. **No se lo enseñes todavía.**

Die Pronomen stimmen in Geschlecht und Zahl mit dem Wort überein, auf das sie sich beziehen, und stehen immer unmittelbar vor dem Verb.
Wenn Akkusativ und Dativ zusammen stehen, steht das Dativ vor dem Akkusativ.

Si no lo sabes, te lo explico yo.
(Wenn du es nicht weist, erkläre ich es dir.)

Die indirekten Pronomen **le / les** werden zu **se**, wenn das direkte Pronomen **lo / la / los / las** folgt:

Se lo he explicado yo.

Beim bejahten Imperativ und beim Infinitiv werden die Pronomen an das Verb angehängt.
Bei den reflexiven Verben lässt man das **-d** der 2. Person Plural **(Comed + os ▸ comeos)** und das **-s** der 1. Person Plural **(sentemos + nos ▸ sentémonos)** weg.
Beim Gerundium haben wir beide Möglichkeiten.

7

Tragen Sie die passenden Ausdrücke in die Lücken ein.

1. ____________________ a Javier.
2. Hay que ____________________ para Javier.
3. Está ____________________ a Javier.
4. Se ____________________ a Javier.

a. déjaselo
b. dejándoselo
c. lo está dejando
d. dejarlo

8

porque ist eine Konjunktion, die Wörter bzw. Sätze miteinander verbinden.

No voy porque no me han invitado.
(Ich gehe nicht, weil ich nicht eingeladen war.)

el porqué ist ein Substantiv und wird meistens mit einem Artikel verwendet.

No nos dijo el porqué.
(Er hat nicht gesagt warum/den Grund gesagt.)

por qué ist ein Fragewort, mit dem man nach dem Motiv oder der Ursache fragt.

¿Por qué no me llamas? *(Warum rufst du mich nicht an?)*

Tragen Sie nun den passenden Ausdruck in Lücke ein.

1. ¿____________ no vas al cine con tus amigos?
2. El ____________ de su decisión todavía no lo sé.
3. No como ____________ no tengo hambre.

a. porque
b. por qué
c. porqué

9

Schreiben Sie die richtige Präposition **por** oder **para** in die Lücken.

1. Estudio español __________ trabajar en España.
2. Estuve con Sofía __________ Navidad.
3. Va a la oficina de Correos __________ la calle Mayor.
4. El avión __________ Mallorca sale a las 17 horas.
5. Quiero ir a la inauguración de la exposición __________ mi amiga.
6. Disculpe, ¿__________ ir al lavabo?
7. Ha venido María y ha preguntado __________ vosotros.
8. Hizo estas pastas __________ su cumpleaños, __________ comerlas con el café.

10

Sehen Sie sich die Bilder an. Welcher der Sätze beinhaltet das jeweils angegebene Pronomen?

a. Le ha dicho toda la verdad a su madre.

b. Se habla sobre Fidel Castro.

c. Ellos lo leyeron durante sus vacaciones.

d. Se lo ha dicho todo.

e. Ella se ducha todos los días.

11

Trennen Sie diese Buchstabenschlangen in einzelne Wörter, indem Sie an der entsprechenden Stelle ein Leerzeichen setzen.

1. Nonosgustamucholacomidapicante.

___

2. Medijo: "hayqueponérselatodoelverano".

___

3. Invéntatealgoparadarlecomoexcusa.

___

4. Estánviéndolaenestosmomentos.

___

5. Díselotodo.

___

6. Secreetodoloquelecuentas.

___

7. ¿Oshabéispuestobienlaropa?

___

12

Vervollständigen Sie die Sätze mit der unpersönlichen Form **se** und dem angegebenen Verb.

1. En España (desayunar) ____________________ muy poco.
2. (almorzar) ____________________ entre la una y las tres y media.
3. (cenar) ________________ entre las nueve y las diez de la noche.
4. (salir) ________________ mucho los fines de semana.
5. En los bares (tomar) ________________ tapas y (hablar) ________________ mucho.
6. (tratar) ________________ a la gente de tú con más frecuencia que en Alemania.
7. En los bares (comer) ________________ un jamón muy bueno.
8. En México (hablar) ________________ español.

13

Wählen Sie die richtigen Pronomen bzw. Verben und Pronomen aus.

1. *Le lo / Se lo / Se le* leyó cinco veces.
2. *Se la / La se / Se le* ha llevado de vacaciones.
3. *Sentémos nos / Nos sentemos / Sentémonos* aquí.
4. *Os callad / Callaos / Callados* de una vez.
5. *Pon lo / Lo pon / Ponlo* encima de la mesa.
6. *Déjale / Le deja / Déja le* el juguete.
7. *Ellos se afeitan / les afeitan / afeitense* con maquinilla.
8. *Se le prestas / Préstaselo / Préstalose* a tu hermano.

14

Vervollständigen Sie die folgenden Minidialoge, indem Sie die direkten und indirekten Pronomen in die richtigen Lücken setzen.

te – los – la – se – las – nos – lo – se

1. • ¿Por qué no me decís quién es?
   ○ No ______ ______ podemos decir todavía.
2. • ¿Quién os ha regalado estas gafas?
   ○ ______ ______ ha regalado nuestra abuela.
3. • ¿Le has dado la agenda a la secretaria?
   ○ Sí, ______ ______ he dado esta mañana.
4. • ¿Les habéis comprado los regalos a vuestros padres?
   ○ Sí, ______ ______ hemos comprado hoy.

15

Vervollständigen Sie die folgenden Dialoge mit den richtigen Pronomen. Achten Sie dabei auf die Reihenfolge der Pronomen!

1. • ¿Quién te ha regalado estas flores?
   ○ ______ ______ ha regalado un amigo.
2. • ¿Le habéis comprado la blusa a la abuela?
   ○ Sí, ______ ______ hemos comprado esta tarde.
3. • ¿Quién os ha regalado los bombones?
   ○ ______ ______ han regalado los tíos.
4. • ¿Le has comprado ya a tu madre el regalo?
   ○ No, todavía no ______ ______ he comprado.

1

Schreiben Sie **por** oder **para** in die Lücken.

1. Carlos va a Cuba _________ estudiar.
2. Valentina y su hermano van a Zaragoza _________ Navidad.
3. _________ la tarde estudia en la academia de cine.
4. La televisión es un medio _________ informar.
5. Estudio español _________ ir a Latinoamérica.
6. _________ el momento vivo en Alemania.

2

Lesen Sie die Sätze. Welches **se** wurde in den einzelnen Sätzen verwendet? Kreuzen Sie die richtige Antwort an.

1. Nosotros se lo contamos todo a nuestra madre.
   - a. **se** unpersönliche Form
   - b. **se** Dativpronomen
   - c. **se** Reflexivpronomen

2. Se dice que en Cuba la situación económica está muy mal.
   - a. **se** unpersönliche Form
   - b. **se** Dativpronomen
   - c. **se** Reflexivpronomen

3. Él se pone la chaqueta.
   - a. **se** unpersönliche Form
   - b. **se** Dativpronomen
   - c. **se** Reflexivpronomen

4. Ella se lo lleva en el bolso.
   - a. **se** unpersönliche Form
   - b. **se** Dativpronomen
   - c. **se** Reflexivpronomen

5. Él se va a Cuba.
   - a. **se** unpersönliche Form
   - b. **se** Dativpronomen
   - c. **se** Reflexivpronomen

6. Se comenta que mañana va a nevar.
   - a. **se** unpersönliche Form
   - b. **se** Dativpronomen
   - c. **se** Reflexivpronomen

3

Diese Sätze sind durcheinander geraten. Bringen Sie die einzelnen Wörter wieder in die richtige Reihenfolge.

1. mesa / la / déjaselo / de / encima / .

   ____

2. nunca / lo / se / no / come / .

   ____

3. leo / me / una / tarde / en / lo / .

   ____

4. la / casa / a / acompaño / su / .

   ____

5. en / las / la / nos / calle / encontramos / .

   ____

6. a / trabajándolo / fondo / están / .

   ____

4

por qué oder **porque**? Tragen Sie die richtige Variante in die entsprechenden Lücken ein.

1. No viene ______________ no quiere.
2. ¿______________ no me lo das?
3. Tengo hambre ______________ he hecho mucho deporte.
4. Voy al cine ______________ la película es muy interesante.
5. ¿______________ has llegado tan tarde a casa?
6. Voy con José ______________ Luis no puede venir conmigo.
7. ¿______________ no vamos de vacaciones este verano a Asturias?
8. ______________ Asturias está muy lejos.

1

Valentina und Cecilia sind in einem Café in einem Kaufhaus. Lesen Sie die Sätze und versuchen Sie dabei auf die Präpositionen **a** und **de** zu achten.

1. El zumo **de** naranja está frío.
2. La corbata que llevo es **de** seda.
3. La chaqueta **de** piel es muy cara.
4. La tarta **de** fresa es riquísima.
5. Luis va **a** llamar **a** las cinco.
6. Mañana voy **a** viajar en avión.
7. Escriben una postal **a** sus amigos.
8. Aplauden **al** pianista.

2

Die Präpositionen **a** und **en** entsprechen nicht immer den wörtlichen Übersetzungen im Deutschen. **A** wird normalerweise mit Verben der Bewegung verwendet, en ist etwas statischer.

Wann wird die Präposition **a** benutzt:

- Vor dem Akkusativ, wenn sich dieser auf eine Person bezieht:
  ¿Conoces **a** María?
- Vor dem Dativ:
  Da las llaves **a** María.
- Um die Richtung anzugeben:
  Hoy vamos **a** Guadalajara.
- Um zu zeigen, wann eine Aktion beginnt oder endet:
  Nos vemos **a** las tres.
  La clase es de diez **a** dos.
- Um eine Art und Weise zu erklären:
  Carne **a** la brasa.

¡Bueno saber!

Der Akkusativ steht mit **a**, wenn es sich um eine (bestimmte) Person handelt:
Allí en el café veo a Ignacio. *(Dort im Café sehe ich Ignacio.)*
Ausnahme: Nach **tener** und **buscar / necesitar** (in Stellenanzeigen) entfällt die Präposition:
Tengo una amiga mexicana. *(Ich habe eine mexikanische Freundin.)*
Buscamos abogado. *(Wir suchen einen Anwalt.)*

Lesen Sie die Sätze und sprechen Sie diese nach. Überlegen Sie wann die Präposition **a** jeweils benutzt wird.

Has visto a José.	Escribe a Juan una carta.	Volamos a Nueva York en primera.
¿Quedamos a las siete en el bar de Paco?	Los calamares son a la romana.	Quiero a mis amigos.

3

¡Bueno saber!

En wird auch immer in folgenden Wendungen und Ausdrücken verwendet:
¿en serio? – *ernsthaft?, wirklich?*
en todo caso – *auf jeden Fall*
en el fondo – *eigentlich*
en huelga – *im Streik*
en otras palabras – *mit anderen Worten*
en principio – *grundsätzlich*
Weiterhin verwendet man **en** nach bestimmten Verben:
entrar en – *eintreten in*
pensar en – *denken an.*

Wann verwenden Sie die Präposition **en**:

- Um Zeit- und Ortangaben zu machen:
  En Semana Santa vamos a Sevilla. *(Über Ostern gehen wir nach Sevilla.)*
  Madrid está **en** España. *(Madrid liegt in Spanien.)*
- Um anzugeben mit welchem Verkehrsmittel man sich bewegt:
  Voy **en** tren al trabajo. *(Ich fahre (gehe) mit dem Zug zur Arbeit.)*
- Bei Sprachen:
  El libro es **en** español. *(Das Buch ist auf Spanisch.)*

Tragen Sie die richtigen Ausdrücke in die Lücken ein.

en Alemania – en España – en matemáticas – en avión

1. En Navidad se come turrón ______________________.
2. Berlín está ______________________.
3. Vuelo ______________________ una vez al año.
4. Ella es muy buena ______________________.

4

Lesen Sie den Dialog zwischen Cecilia, Valentina und Luis. Cecilia wird ins Wohnviertel von Valentina und Luis umziehen. Wenn Sie möchten, können Sie sich den Dialog anhören.

Valentina: ¿Cuándo te vas a trasladar?
Cecilia: Creo que a mediados del próximo mes. Depende de la empresa de mudanzas.
Valentina: ¿Te apetece venir a vivir a nuestro barrio?
Cecilia: Mucho, pero cuando pienso en la mudanza se me quitan las ganas. Últimamente sueño con la mudanza. En mis sueños empaco cosas, traslado cajas de un lado a otro y nunca acabo.
Valentina: ¿Por qué no dejas de trabajar unos días y te dedicas a la mudanza por completo?
Cecilia: No puedo. Tengo que cumplir con mis obligaciones y no puedo dedicarme a otra cosa en las horas de trabajo.
Valentina: Tienes que aprender a vivir un poco más y a no pensar tanto en el trabajo.
Cecilia: Es fácil decirlo, pero en mi posición no puedo permitírmelo.
Luis: Entonces, paga a alguien para que te ayude con el traslado.
Cecilia: No es cuestión de dinero. Sólo yo sé en qué lugar van las cosas que tengo.
Luis: Nosotros te podemos ayudar. ¿Verdad Valentina?
Valentina: Por supuesto.
Cecilia: Son muy amables.

¡Bueno saber!

Auch in Mexiko verwendet man nicht die 2. Person Plural, sondern anstelle von dieser die 3. Person Plural. Daher kann **Son muy amables.** *Ihr seid sehr freundlich.* oder *Sie sind sehr freundlich.* bedeuten.

trasladarse – *umziehen*
trasladar – *bewegen*
a mediados – *Mitte*
depender de – *abhängen von*
la empresa de mudanzas – *Umzugsfirma*
el barrio – *Viertel*
la mudanza – *Umzug*
el sueño – *Traum*
empacar – *einpacken*
la caja – *Karton*
dejar de – *aufhören*
dedicarse a – *sich widmen*
permitir – *erlauben*
por supuesto – *selbstverständlich*

5

Die Satzteile auf der linken Seite passen nicht zu den Satzteilen auf der rechten Seite. Ordnen Sie die Satzteile links den passenden rechts zu. Achten Sie dabei besonders auf die Präpositionen!

1. Los niños aprendieron	a. de dirección?
2. ¿Cuándo habéis empezado	b. con Francia y Portugal.
3. Ha venido a trabajar	c. a leer en la escuela.
4. Se parece	d. a Alemania.
5. El médico dice que deje	e. con ella.
6. ¿Has cambiado	f. de fumar.
7. Me acuerdo mucho	g. a su padre.
8. El otro día soñé	h. de mi estancia en Madrid.
9. España limita	i. a aprender español?
10. En la panadería trato	j. con mucha gente.

6

Verben mit der Präposition **a** finden wir:

- bei Verb + **a** + Infinitiv:
  Los niños aprenden **a** leer. *(Die Kinder lernen zu lesen.)*
- Mit Bewegungsverben, die ein Ziel angeben, Verb + **a**:
  Salgo **a** comprar. *(Ich gehe zum Einkaufen.)*
- Es gibt Verben, die eine andere Bedeutung in Zusammenhang mit der Präposition **a** bekommen.

Verbos + a + infinitivo:

atreverse a – *wagen zu*
enseñar a – *lehren, zeigen*
negarse a – *sich weigern zu*
echarse a – *etwas plötzlich tun*
aprender a – *lernen zu*
empezar a – *beginnen zu*
jugar a – *spielen*
referirse a – *sich beziehen auf*

Verbos de movimiento + a:

bajar a – *hinuntergehen*
salir a – *hinausgehen*
venir a – *kommen*
ir a – *gehen*
subir a – *hinaufgehen*
llegar a – *ankommen in*

Verbos que cambian de significado con **a**:

dedicar – *widmen*
dedicarse a – *sich mit etwas befassen*

limitar – *begrenzen*
limitarse a – *sich auf etwas beschränken*

parecer – *scheinen*
parecerse a – *jemandem ähnlich sein*

7

Wählen Sie die passenden Verben für diese Sätze aus.

1. He venido a *lavarle / explicarle / dormirme* el problema.
2. Me *voy / vengo / niego* a irme.
3. Los niños aprendieron a *esquiar / hicieron / tuvieron* en las vacaciones.
4. Me *limito / escribo / hago* a leer estas líneas.

8

Verben mit der Präposition **de** finden wir bei:

Verben + **de** + Infinitiv:
Acabo de escuchar la canción. *(Ich habe gerade das Lied gehört.)*
Verben + **de** + Substantiv:
Hemos cambiado de teléfono. *(Wir haben eine neue Telefonnummer.)*

Die Präposition **de**:
- Herkunft oder Ursprung:
  un chico de Valladolid *(ein Junge aus Valladolid)*
- Thema, Inhalt oder Zusammensetzung:
  un zumo de naranja *(ein Orangensaft)*
  una película de terror *(ein Horrorfilm)*
- Besitz oder Zugehörigkeit:
  la casa de mis padres *(das Haus von meinen Eltern)*

¡Bueno saber!
Es gibt Verben die mit **de** eine andere Bedeutung erhalten.
Me acuerdo de mi madre todos los días. *Ich denke jeden Tag an meine Mutter.*
Acordamos vernos a las seis en su casa. *Wir haben vereinbart uns um sechs in ihrem Haus zu sehen.*

Verben + **de** + Infinitiv:

acabar de – *etwas gerade getan haben*
no acabar de – *etwas einfach nicht tun*
dejar de – *aufhören zu*
no dejar de – *nicht versäumen, etwas zu tun*

Verben + **de** + Sustantiv:

disponer de – *über etwas verfügen*
cambiar de – *etwas oder jemanden wechseln*
tratar de – *versuchen*
morir de – *an etwas sterben*

Verbos que cambian de significado con **de:**

acordar – *beschließen*
acordarse de – *sich an etwas oder jemanden erinnern*
informar – *informieren*
informarse de – *sich nach etwas erkundigen*
olvidar – *vergessen*
olvidarse de – *etwas vergessen*

9

Lesen Sie diese Beispiele.

Acabo de beberme el café.

La película no lo **acabo de** entender.

Tengo que **dejar de** salir tanto por la noche.

No **dejes de** beber dos litros de agua al día.

No te localicé, **¿has cambiado de** teléfono?

Me muero de ganas de ir a Guatemala.

10

Beantworten Sie die Fragen und wählen Sie die richtige Antwort aus.
Nur eine Antwort ist richtig.

1. ¿Con qué países limita España?
   - a. España tiene frontera con Francia y Portugal.
   - b. España no limita con Francia.
   - c. España está en Europa.

2. Cecilia, ¡cuéntame tus sueños!
   - a. Duermo mucho porque estoy muy cansada.
   - b. Me voy a comprar el periódico.
   - c. Últimamente sueño con la mudanza.

3. ¿Por qué no le hablas? ¿Estás enfadado con él?
   - a. Soy tan feliz en mi trabajo.
   - b. Sí, estoy muy enfadado con mi amigo y por eso no le hablo.
   - c. Tengo ganas de ir a comer una pizza.

4. ¿Por qué está tu hermano siempre enfermo?
   - a. Sí que puedo quedar contigo.
   - b. Porque trabaja en un hospital y trata mucho con enfermos.
   - c. Me qusta mucho el chocolate.

11

Sehen Sie sich die Bilder an und vervollständigen Sie die Sätze mit der richtige Präposition: **a**, **en** oder **de**.

1. He puesto la compra _______ la bolsa.
2. Voy _______ cenar _______ casa de mis amigos.
3. Estoy _______ casa desde las siete.
4. Queremos mucho _______ nuestros hijos.
5. El marco _______ plata está encima del armario.

la compra – *Einkäufe*
la bolsa – *Tüte*
el marco de plata – *Silberrahmen*
el armario – *Schrank*

12

Lesen Sie die Fragen, die Cecilia gestellt werden und wählen Sie das passende Verb aus.

1. ¿Qué haces?
   Estoy *empezando / enseñando / echándome* a preparar mi mudanza.
2. ¿Con quién sales a cenar esta noche?
   Salgo / Llego / Subo a cenar con Luis y Valentina.
3. ¿Se parecen Luis y Valentina?
   No, no *se parecen / se dejan / se limitan* en nada.
4. ¿Con qué sueñas?
   Sueño / Cumplo / Me atrevo con la mudanza.
5. ¿Te enfadas con Luis?
   No, no *me enfado / pienso / dejo* con Luis porque es sincero conmigo.
6. ¿Con quién hablabas?
   Acabo / Dejo / Sueño de hablar con Miguel por teléfono.

13

Schreiben Sie eine passende Präposition zu dem jeweiligen Verb.

1. aparcamos ______
2. llegada ______
3. salida ______
4. pasamos ______
5. vemos ______
6. viajamos ______
7. circulamos ______
8. comemos ______

a – de – en – en – por – a – en – por

1

Schreiben Sie die fehlenden Präpositionen **a**, **de** oder **en** in die Lücken.

1. ¿Has comido alguna vez pulpo ______ la gallega?
2. El anillo es ______ plata.
3. Nos vemos ______ las dos.
4. ¿Conoces ______ mi madre?
5. Luis es bueno ______ Historia.
6. Hoy viajamos de Santiago ______ Talca.
7. ______ el fondo no es mala persona.

2

Diese Sätze sind durcheinander geraten. Bringen Sie die einzelnen Wörter wieder in die richtige Reihenfolge.

1. dejan / medios / dar / la / los / no / de / noticia / .

____

2. fumar / médico / que / de / dejar / el / dice / debes / .

____

3. ella / acaba / no / trabajo / de / de / encontrar / puesto / buen / un / .

____

4. limitó / se / a / la / verdad / decir / testigo / el / .

____

5. simpático / Luis / parece / .

____

6. dedican / vecinos / carpintería / se / mis / la / a / .

____

7. tarde / lunes / la / por / sol / el / tomar / a / calle / baja / la / a / los / .

____

8. cambiar / todavía / piso / no / quiere / de / .

____

3

Tragen Sie die richtigen Verben und Präpositionen in die Lücken ein.

1. ________________ hablar de una vez por teléfono.
2. Alemania ________________ Suiza y con otros países.
3. Me ________________ mi infancia.
4. ________________ vacaciones.
5. Me ________________ todo.

a. olvido de   b. limita con   c. deja de   d. acuerdo de   e. vamos de

4

Schreiben Sie die richtige Präposition in die Lücken. Wählen Sie zwischen **a**, **de**, **en** und **con**.

1. Sueño ________ el mar.
2. ¿Me vas a obligar ________ ir contigo?
3. El juez le obligó ________ decir la verdad.
4. Estuvo toda la noche pensando ________ él.
5. Pensaron ________ una solución.
6. He soñado ________ la película.
7. Deja ________ llorar.
8. El niño no se atreve ________ cruzar la calle solo.

1

Lösungen

1

Übung 3
1. tardes; **2.** soy; **3.** yo; **4.** tal; **5.** tú; **6.** es; **7.** llamo; **8.** gracias; **9.** adiós; **10.** luego

Übung 7
1. el; **2.** la; **3.** el

Übung 8
1. la; **2.** la; **3.** el; **4.** la; **5.** el; **6.** el; **7.** el; **8.** el; **9.** la; **10.** el; **11.** la; **12.** la

Übung 10
1. éste; **2.** éste; **3.** ésta; **4.** ésta

Übung 12
1. yo; **2.** ella; **3.** él; **4.** ella; **5.** tú

Übung 13
Illustration 1 – Dialog b;
Illustration 2 – Dialog c;
Illustration 3 – Dialog a

Übung 14
1. s/d; **2.** p; **3.** s/d; **4.** p; **5.** p; **6.** s/d

Übung 15
1. sois; **2.** son; **3.** eres; **4.** soy; **5.** es; **6.** somos

Übung 16
1. c; **2.** d; **3.** f; **4.** a; **5.** e; **6.** b

Test 1

Übung 1
1. b; **2.** c; **3.** c; **4.** a; **5.** c; **6.** a

Übung 2
1. s/d; **2.** s/d; **3.** p; **4.** p; **5.** s/d; **6.** p; **7.** s/d; **8.** p; **9.** p; **10.** p

Übung 3
1. la; **2.** el; **3.** el; **4.** la; **5.** la; **6.** el

Übung 4
1. soy; **2.** eres; **3.** soy; es; **4.** sois; **5.** son; **6.** somos; **7.** es; **8.** es; **9.** somos; **10.** son

2

Übung 1
1. d; **2.** e; **3.** b; **4.** c; **5.** a

Übung 3
¿De dónde?

Übung 5
1. trabaja; **2.** comen; **3.** vive; **4.** trabajo

Übung 7
1. unos; **2.** unas; **3.** una; **4.** un

Übung 9
-s; -es

Übung 11
1. Yo no soy Valentina,; **2.** No somos de Chile,; **3.** No trabajo en un hospital,; **4.** no como carne.

Übung 13
1. dónde; **2.** de; **3.** eres; **4.** soy

Übung 14
1. c; **2.** d; **3.** g; **4.** h; **5.** b; **6.** f; **7.** a; **8.** e

Übung 15
1. unos; **2.** una; **3.** unas; **4.** un

Übung 16
1. ciudades; **2.** unas; **3.** amigos; **4.** hermanas; **5.** estos; **6.** teléfonos

Übung 17
1. unas casas; **2.** un coche; **3.** unas lámparas; **4.** unos libros; **5.** un cuaderno; **6.** unos ordenadores; **7.** unos teléfonos; **8.** una silla; **9.** unas mesas; **10.** un hospital

Test 2

Übung 1
1. b; **2.** a; **3.** c; **4.** a

Übung 2
1. vivís; **2.** trabajamos; **3.** toman; **4.** comprendes; **5.** trabajo; **6.** escribe

Übung 3
1. Unos libros; **2.** Una silla; **3.** Un móvil; **4.** Unos ordenadores; **5.** Un teléfono; **6.** Unas mesas

3

Übung 2
1. d; **2.** c; **3.** b; **4.** e; **5.** a

Übung 4
1. está – estoy; **2.** están – estamos

Übung 6
1. b; **2.** d; **3.** a; **4.** c

Übung 8
1b; 2a; 3b; 4a; 5b; 6a

Übung 9
1. b; **2.** c; **3.** a

Übung 10
1. pequeño; **2.** simpáticas; **3.** modernas; **4.** grandes; **5.** pocos; **6.** mucha; **7.** muchas; **8.** antiguos

Übung11
1. francés; **2.** española; **3.** italianos; **4.** mexicanas; **5.** alemana; **6.** belga; **7.** portugués; **8.** suizas

Übung 12
1. c; **2.** b; **3.** e; **4.** f; **5.** d; **6.** a

Übung 13
Keine bestimmten Lösungen

Test 3

Übung 1
1. a; **2.** a; **3.** c; **4.** b; **5.** a; **6.** c

Übung 2
1. es; **2.** está; **3.** es; **4.** está; **5.** es

Übung 3
1. b; **2.** c; **3.** a; **4.** c

Übung 4
1. muy; **2.** mucho; **3.** mucho; **4.** mucho; **5.** muy; **6.** muy; **7.** mucho; **8.** muy

4

Übung 3
1. está; **2.** es; **3.** soy – soy – estoy

Übung 5
1. voy; **2.** va; **3.** van

Übung 6
1. vas a; **2.** va a; **3.** vais a; **4.** van a

Übung 8
1. está; **2.** hay; **3.** está; **4.** hay

Übung 9
1. en ; **2.** en; **3.** a; **4.** en – en

Übung 10
1. estoy; **2.** está; **3.** está; **4.** es; **5.** es; **6.** están; **7.** es; **8.** estás

Übung 11
1. vamos a pasar; **2.** voy a hacer; **3.** va a viajar; **4.** van a pasear; **5.** vais a comer; **6.** voy a empezar

Übung 12
1. está; **2.** están; **3.** sois; **4.** es

Übung 13
1. c; **2.** b; **3.** a; **4.** b; **5.** a

Test 4

Übung 1
1. hay; **2.** está; **3.** están; **4.** hay

Übung 2
1. en; **2.** en; **3.** a; **4.** en

Übung 3
1. a; **2.** c; **3.** b

Übung 4
1. b; **2.** c; **3.** a

1 # 5

Übung 2
Me gusta: el chocolate; el fútbol; el teatro; el trabajo; la montaña
Me gustan: los bombones ; los deportes; los espectáculos; los trabajos en grupo

Übung 4
1. me gusta; **2.** nos gustan; **3.** le gusta; **4.** os gustan

Übung 5
1. e; **2.** f; **3.** b; **4.** c; **5.** a; **6.** d

Übung 7
1. a mí; **2.** a ella / a él; **3.** a nosotros / a nosotras; **4.** a ellos / a ellas

Übung 9
1. quiere, quiero; **2.** queremos; **3.** queréis; **4.** quieres

Übung 12
1. salgo; **2.** sabe; **3.** sé

Übung 13
a. sé; **b.** traduzco; **c.** queréis; **d.** dormimos; **e.** sientes; **f.** puedo; **g.** piensan; **h.** conozco; **i.** cuenta

Übung 14
1. le; **2.** me; **3.** le; **4.** nos; **5.** le; **6.** les; **7.** os; **8.** te

Übung 15
1. a; **2.** b; **3.** c; **4.** b; **5.** a; **6.** c

Übung 16
1. piensa; **2.** sabéis; **3.** entiendo; **4.** quieres; **5.** ponen; **6.** veo; **7.** vuelves; **8.** cuestan

Übung 17
1. A mí me encanta estudiar en las vacaciones.
2. ¿Te gusta trabajar en una empresa internacional?
3. A ellos les gustan las fiestas en los pueblos.
4. A Marta y a mí nos gustan los coches alemanes.
5. A él le interesa la política.
6. ¿A vosotros os fascina el jazz?

Test 5

Übung 1
1a; 2b; 3c; 4a; 5c; 6a

Übung 2
1. le; **2.** les; **3.** te; **4.** nos

Übung 3
1. conozco; **2.** podéis; **3.** sentís; **4.** empieza; **5.** prefieres; **6.** entienden

Übung 4
1. b; **2.** a; **3.** b

6

Übung 3
1. me despierto; **2.** te levantas; **3.** se ducha; **4.** se lava; **5.** nos vestimos; **6.** os desvestís; **7.** se acuestan

Übung 5
1. b; **2.** e; **3.** d; **4.** a; **5.** c

Übung 7
1. pide; **2.** consigue; **3.** eliges; **4.** sigue

Übung 8
1. tiene; **2.** dicen; **3.** vienes

Übung 9
1. se levanta; **2.** me ducho; **3.** nos despertamos; **4.** se acuestan; **5.** os llamáis; **6.** te lavas

Übung 10
1. dices; **2.** repetís; **3.** está; **4.** digo; **5.** repite; **6.** eligen

Übung 11
1. traduzco; **2.** puedes; **3.** entiendo; **4.** cuestan; **5.** tengo; **6.** juegan

Übung 12
1. Sí, los compro en la librería.
2. Sí, la voy a ver.
3. Sí, Gabriel lo compra.
4. Sí, las quiero.
5. Sí, los prefiero.

Übung 13
1. se afeita; **2.** me adapto; **3.** se preocupan; **4.** nos encontramos; **5.** se atreven; **6.** os lleváis

Übung 14
1. vais; **2.** podeis; **3.** va; **4.** quieren, pueden; **5.** van; **6.** quieres

Übung 15
1. A mí me gusta la televisión.
2. Te quiero ver.
3. Me lo dices.
4. A Valentina le encanta hablar.
5. A mí no me importa.
6. No puedo hacerlo.
7. Los compro en el supermercado.
8. La llamo por teléfono.

Übung 16
1. la; **2.** las; **3.** los; **4.** lo; **5.** las

Test 6

Übung 1
1. cuesta; **2.** tienes; **3.** encuentro; **4.** eres; **5.** preferimos; **6.** sé

Übung 2
1a; 2b; 3b; 4b

Übung 3
1. los; **2.** la; **3.** lo; **4.** las

Übung 4
1. soy; **2.** nos lavamos; **3.** dicen; **4.** juegas; **5.** os acostáis; **6.** haces; **7.** vengo; **8.** van; **9.** estamos; **10.** decís; **11.** tengo; **12.** se despierta

7

Übung 1
1. c; **2.** d; **3.** b; **4.** e; **5.** a

Übung 3
1. estudiando; **2.** hablando por teléfono

Übung 5
1. a; **2.** c; **3.** b; **4.** f; **5.** e; **6.** d

Übung 6
1. se ha casado; **2.** ha sido; **3.** hemos comido

Übung 7
1. abierto; **2.** visto; **3.** vuelto; **4.** puesto

Übung 9
1. nada; **2.** ningún; **3.** no; **4.** nadie

Übung 11
1. ¿Has visto a Ana? Sí, la he visto.
2. ¿Se han duchado esta mañana? Sí, se han duchado.
3. ¿Te lo ha dicho? No, no me lo ha dicho.

Übung 12
1a; 2c; 3b; 4c

Übung 13
1. me he levantado; **2.** he decorado; **3.** he invitado; **4.** me he bañado, me he vestido; **5.** ha sido; **6.** me he acostado; **7.** ha sido

Übung 14
Regelmäßige:
leído, comido, bailado, vivido, querido, jugado;
Unregelmäßig:
puesto, visto, abierto, hecho, ido, vuelto

Übung 15
1. al jugador; **2.** la tarta de chocolate; **3.** a nuestros amigos; **4.** el concierto; **5.** las rosas; **6.** a las francesas

1 Test 7

Übung 1
1. está jugando; **2.** están corriendo; **3.** estás bailando; **4.** estoy leyendo

Übung 2
1. he vuelto; **2.** hemos cantado; **3.** has puesto; **4.** habéis dicho; **5.** ha hecho; **6.** han abierto

Übung 3
1. lo; **2.** la; **3.** lo; **4.** le; **5.** los; **6.** las; **7.** les

Übung 4
1. a, d; **2.** c, e; **3.** b, f

Übung 5
1. han ido; **2.** hacer; **3.** cantando; **4.** sus; **5.** somos; **6.** ha abierto; **7.** estudiando; **8.** leer; **9.** he dicho; **10.** estando; **11.** mis; **12.** habéis ido

8

Übung 1
1. a; **2.** c; **3.** d; **4.** e; **5.** b

Übung 2
1. estudiar; **2.** viajar; **3.** jugar; **4.** conocer; **5.** aprender

Übung 3
1. viajaste; **2.** leíste; **3.** escribiste; **4.** fuiste

Übung 5
1. b; **2.** c; **3.** a

Übung 6
1. tuve; **2.** estuvieron; **3.** tuvimos; **4.** estuvo; **5.** tuvimos; **6.** estuve

Übung 7
1. b; **2.** d; **3.** a; **4.** c

Übung 8
1. quise; **2.** hizo; **3.** dijeron; **4.** hicimos; **5.** pusiste; **6.** quisieron

Übung 9
1. nací; **2.** estudiaron; **3.** nos ha gustado; **4.** hemos estado; **5.** he estudiado; **6.** casé; **7.** he escrito

Übung 10
1. quisimos; **2.** estuvisteis; **3.** pusieron; **4.** hicimos; **5.** hiciste; **6.** fueron; **7.** dije

Übung 11
1. nací; **2.** estudié; **3.** trabajé; **4.** conocí; **5.** nos casamos; **6.** tuvimos; **7.** vivimos, vamos

Übung 12
Begriffe mit indefinido:
en 1995, en una ocasión, por última vez, el año pasado, una vez
Begriffe mit p. perfecto:
este verano, siempre, este año, ya, hoy, nunca, todavía no

Übung 13
1. ha gustado; **2.** estuve; **3.** he conocido; **4.** me compré; **5.** he ido; **6.** vi; **7.** me he bañado; **8.** fui; **9.** he visto; **10.** he estado; **11.** he visto; **12.** me encontré

Übung 14
1. he leído; **2.** estuve; **3.** he tomado; **4.** ha ganado; **5.** he estado; **6.** visité; **7.** he ido; **8.** cumplió; **9.** he ido

Übung 15
1. el año pasado; **2.** ayer; **3.** el otro día; **4.** el sábado por la noche

Test 8

Übung 1
1. estuvo; **2.** habéis visto; **3.** han hablado; **4.** escuché

Übung 2
1. trabajé; **2.** comieron; **3.** viviste; **4.** estudiamos; **5.** corristeis; **6.** escribió

Übung 3
1. a; **2.** a; **3.** c; **4.** a; **5.** b; **6.** a

Übung 4
1. hablaron; **2.** preguntó; **3.** conoció; **4.** nació

9

Übung 1
1. d; **2.** b; **3.** e; **4.** f; **5.** a; **6.** c

Übung 2
1. b; **2.** d; **3.** a; **4.** e; **5.** c

Übung 3
vivíamos

Übung 4
1. hacíamos; **2.** trabajaba; **3.** pasábamos

Übung 5
1. c; **2.** a; **3.** b; **4.** d

Übung 6
1. paseaba; **2.** viajaba; **3.** veía; **4.** trabajaba

Übung 7
1. tenía; **2.** tuve, iba; **3.** nos reuníamos; **4.** hacíais; **5.** tenían; **6.** pasaba, pasé; **7.** fuimos, escalábamos; **8.** pasó

Übung 8
1. era; **2.** iban; **3.** veíais

Übung 9
1. C; **2.** F; **3.** C; **4.** F; **5.** C; **6.** C; **7.** F; **8.** F

Übung 10
1. hacías; **2.** hacía; **3.** gustaba; **4.** dormía; **5.** llevaba; **6.** vivía; **7.** comía

Übung 11
1. estuvo; **2.** estuvieron; **3.** estuvieron; **4.** estuve; **5.** estuviste; **6.** estabais; **7.** estábamos; **8.** estaba; **9.** estuvimos

Übung 12
1. Imperfekt; **2.** Indefinido; **3.** Imperfekt; **4.** Indefinido, Imperfekt; **5.** Imperfekt; **6.** Indefinido; **7.** Imperfekt; **8.** Indefinido

Übung 13
1. era; **2.** estábamos; **3.** queríamos; **4.** íbamos; **5.** propuso

Übung 14
1. era, iba; **2.** estudiaba, leí; **3.** fui, gustaban; **4.** viví, hice; **5.** veía; **6.** paseaba, encontré; **7.** robaron, llevaba; **8.** llegaba

Übung 15
1. dabas; **2.** estábamos, dijeron; **3.** fuisteis; **4.** era, encantaba; **5.** viajaron; **6.** hacía, decidimos; **7.** vi; **8.** almorzaba

Test 9

Übung 1
1. hablaba; **2.** vivía; **3.** bailaba; **4.** comían; **5.** dormía; **6.** seguían; **7.** tocaba

Übung 2
1. iba; **2.** comíamos; **3.** fui; **4.** estabais; **5.** estuve; **6.** llamé; **7.** escribían; **8.** leí; **9.** leías; **10.** ponían

Übung 3
1. estudiaba; **2.** escribíamos; **3.** dormían; **4.** corrías

Übung 4
1; 5; 13; 11; 6; 7; 4; 14; 9; 8; 3; 10; 2; 12; 15

10

Übung 2
a. 3; **b.** 7; **c.** 4; **d.** 2; **e.** 8; **f.** 6; **g.** 1; **h.** 5

Übung 4
1. utilice; **2.** conecte; **3.** pulse

Übung 5
1. pon; **2.** ven; **3.** digan; **4.** tenga; **5.** haz; **6.** vean

Übung 7
1. láva<u>te</u>; **2.** díga<u>me</u>; **3.** explíca<u>melo</u>; **4.** regála<u>selo</u>

1 **Übung 8**
1. d; **2.** c; **3.** a; **4.** b

Übung 10
1. coman; **2.** fotografíes; **3.** lleve; **4.** molesten; **5.** fumes; **6.** entre

Übung 11
1. compra; **2.** pela; **3.** fríe; **4.** bate; **5.** da

Übung 12
1. Di la verdad.
2. Vayan a visitar Toledo.
3. Ve a la farmacia a por las medicinas.

Übung 13
1. coma; **2.** duerma; **3.** trabaje; **4.** beba; **5.** practique; **6.** descanse; **7.** viva

Übung 14
1. déjalo; **2.** cómase; **3.** visítenla; **4.** enséñaselo; **5.** hágalo

Übung 15
1. venga; **2.** ponga; **3.** haz; **4.** digan; **5.** vaya; **6.** ten; **7.** cocinen; **8.** añada; **9.** corran; **10.** canta; **11.** trabajen

Übung 16
1. vayas; **2.** comas; **3.** abras; **4.** salgas; **5.** fumes; **6.** beba; **7.** digas; **8.** cocines

Test 10

Übung 1
1. come; **2.** practica; **3.** escribe; **4.** juega; **5.** lleva; **6.** estudia

Übung 2
1. a; **2.** b; **3.** b; **4.** a; **5.** c

Übung 3
1. a; **2.** b; **3.** c; **4.** a; **5.** b; **6.** a

11

Übung 1
a. 3; **b.** 8; **c.** 2; **d.** 10; **e.** 1; **f.** 9; **g.** 5; **h.** 6; **i.** 7; **j.** 4

Übung 2
1. por; **2.** para; **3.** para; **4.** por

Übung 4
1. Se Dativpronomen; **2. Se** Unpersönliche Form; **3. Se** Reflexivpronomen

Übung 5
1. Dativpronomen **le**, was in Verbindung mit **los** in **se** verändert wird
2. unpersönliche Form *man*
3. Reflexivpronomen *sich*
4. Reflexivpronomen *sich*
5. unpersönliche Form *man*

Übung 7
1. a; **2.** d; **3.** b; **4.** c

Übung 8
1. b; **2.** c; **3.** a

Übung 9
1. para; **2.** por; **3.** por; **4.** para; **5.** por; **6.** para; **7.** por; **8.** por, para

Übung 10
1. d.; **2.** b.; **3.** e.; **4.** a.; **5.** c.

Übung 11
1. No nos gusta mucho la comida picante.
2. Me dijo: "hay que ponérsela todo el verano".
3. Invéntate algo para darle como excusa.
4. Están viéndola en estos momentos.
5. Díselo todo.
6. Se cree todo lo que le cuentas.
7. ¿Os habéis puesto bien la ropa?

Übung 12
1. se desayuna; **2.** se almuerza; **3.** se cena; **4.** se sale; **5.** se toman, se habla; **6.** se trata; **7.** se come; **8.** se habla

Übung 13
1. Se lo; **2.** Se la; **3.** Sentémonos; **4.** Callaos; **5.** Ponlo; **6.** Déjale; **7.** se afeitan; **8.** Préstaselo

Übung 14
1. te lo; **2.** nos las; **3.** se la; **4.** se los

Übung 15
1. me las; **2.** se la; **3.** nos los; **4.** se lo

Test 11

Übung 1
1. para; **2.** por; **3.** por; **4.** para; **5.** para; **6.** por

Übung 2
1. b; **2.** a; **3.** c; **4.** b; **5.** c; **6.** a

Übung 3
1. Déjaselo encima de la mesa.
2. No se lo come nunca.
3. Me lo leo en una tarde.
4. La acompaño a su casa.
5. Nos las encontramos en la calle.
6. Están trabajándolo a fondo.

Übung 4
1. porque; **2.** por qué; **3.** porque; **4.** porque; **5.** por qué; **6.** porque; **7.** por qué; **8.** porque

12

Übung 3
1. en España; **2.** en Alemania; **3.** en avión; **4.** en matemáticas

Übung 5
1. c; **2.** i; **3.** d; **4.** g; **5.** f; **6.** a; **7.** h; **8.** e; **9.** b; **10.** j

Übung 7
1. explicarle; 2. niego; 3. esquiar; 4. limito

Übung 10
1. a; **2.** c; **3.** b; **4.** b

Übung 11
1. en; **2.** a, a; **3.** en; **4.** a; **5.** de

Übung 12
1. empezando; **2.** salgo; **3.** se parecen; **4.** sueño; **5.** me enfado; **6.** acabo

Übung 13
1. en; **2.** a; **3.** de; **4.** por; **5.** a; **6.** en; **7.** por; **8.** en

Test 12

Übung 1
1. a; **2.** de; **3.** a; **4.** a; **5.** en; **6.** a; **7.** en

Übung 2
1. Los medios no dejan de dar la noticia.
2. El médico dice que debes dejar de fumar.
3. Ella no acaba de encontrar un buen puesto de trabajo.
4. El testigo se limitó a decir la verdad.
5. Luis parece simpático.
6. Mis vecinos se dedican a la carpintería.
7. Los lunes por la tarde baja a la calle a tomar el sol.
8. No quiere cambiar de piso todavía.

Übung 3
1. c; **2.** b; **3.** d; **4.** e; **5.** a

Übung 4
1. con; **2.** a; **3.** a; **4.** en; **5.** en; **6.** con; **7.** de; **8.** a

Inhaltsübersicht

§ 1 Das Alphabet

Buchstaben	spanische Aussprache	Buchstaben	spanische Aussprache
a	a	**n**	ene
b	be	**ñ**	eñe
c	ce	**o**	o
ch	che, ce hache	**p**	pe
d	de	**q**	cu
e	e	**r, rr**	ere, erre
f	efe	**s**	ese
g	ge	**t**	te
h	hache	**u**	u
i	i	**v**	uve
j	jota	**w**	uve doble
k	ca	**x**	equis
l	ele	**y**	i griega
ll	elle	**z**	zeta
m	eme		

§ 2 Die Aussprache

Buchstabe	Stellung	Aussprache und fonetisches Zeichen	Beispiel
b und **v**	am Wortanfang	[b] wie **b** in *bunt*	**B**arcelona, **v**iaje
	zwischen Vokalen	[β] weicher, zwischen **b** und **v**	Boli**v**ia, La Ha**b**ana
c	vor **e**, **i**	[θ]gelispelt wie im englischen *think* (*)	**c**erveza
	vor **a**, **o**, **u**	[k] wie in *Käse*	**C**olombia, **C**uba
ch		[tʃ] wie **tsch** in *Tschüss*	**Ch**ile
g	vor **e**, **i**	[x] wie **ch** in *Ach!*	Ar**g**entina
gue/gui		[g] wie in *Geld* bzw. *Gitter* (**)	**Gui**tarra, **gue**rrilla
h		wird nicht ausgesprochen	**h**ola
j		[x] wie **ch** in *Ach!*	via**j**e
ll		[j] wie **j** in *Ja*, manchmal auch [l] wie etwa *lj*	pae**ll**a
ñ		[ɲ] wie **gn** in *Cognac*	Espa**ñ**a
qu		[k] wie in *Käse*	¿**Qu**é tal? **Qu**ito
r	im Wort	[r] gerollt (mit der Zungenspitze) (***)	Pe**r**ú, ho**r**a
	am Wortanfang	[rr] stark gerollt	**R**osita
rr		[rr] stark gerollt	guita**rr**a
x		[ks] wie im Deutschen	ta**x**i
		Ausnahmen: wie das spanische **j**	Mé**x**ico
y	am Wortanfang und zwischen Vokalen	[j] wie **j** in *ja*	**y**o, pla**y**a
	ansonsten	[i] wie **i**	so**y**, Chema **y** Jordi
z		[θ]gelispelt wie im englischen *think* (*)	cerve**z**a

(*) In Lateinamerika und in einigen Gegenden Südspaniens (Andalusien, Kanarischen Inseln) wird anstelle des Lispellauts [θ] ein **s** ausgesprochen.

(**) In wenigen Wörtern muss das **u** bei **gue** und **gui** jedoch ausgesprochen werden. Dann wird dies durch zwei Pünktchen auf dem **u** angedeutet (**la cigüeña**, *der Storch*).

(***) Das einfache **r** entsteht im Spanischen nicht in der Gurgel, sondern in der Mundhöhle. Die ausatmende Luft wird durch ein kurzes Ansetzen der breiten Zungenspitze auf den vorderen Gaumen kurz unterbrochen.

Die spanische Sprache hat auch viele dialektale Färbungen und Unterschiede in der Aussprache. Sie sind jedoch nicht so groß, dass sie die Verständigung unter den verschiedenen spanischsprachigen Ländern behindern.

§ 3 Betonung und Akzentsetzung

1. Die meisten spanischen Wörter werden auf der vorletzten Silbe betont. Es sind Wörter, die auf Vokal, **-n** oder **-s** enden:
   a<u>mi</u>go, **<u>ba</u>ños**, **e<u>xa</u>men**, **fa<u>mi</u>lia** (**-lia** zählt als eine Silbe)
2. Wörter, die auf Konsonant (außer **-n** und **-s**) enden, werden auf der letzten Silbe betont:
   espa<u>ñol</u>, **us<u>ted</u>**, **se<u>ñor</u>**
3. Wörter, die von diesen Regeln abweichen, brauchen einen Akzent, der zeigt, auf welche Silbe die Betonung fällt:
   sofá, **balcón**, **carácter**, **teléfono**
4. Fragewörter tragen im Spanischen immer einen Akzent:
   ¿Qué? ¿Dónde? ¿Cómo? – *Was? Wo? Wie?*
5. Der Akzent wird auch verwendet, um die Bedeutung einsilbiger Wörter zu unterscheiden:

el – *der* (Artikel)	**él** – *er* (Personalpronomen)
tu – *dein(e)* (Possessivadjektiv)	**tú** – *du* (Personalpronomen)

6. Wird bei der Pluralbildung die Silbe **-es** an ein Wort angehängt, so verliert oder bekommt dieses Wort einen Akzent, damit dieselbe Wortsilbe auch im Plural betont bleibt:

el cata<u>lán</u> *der Katalane*	**los cata<u>la</u>nes** *die Katalanen*
el <u>jo</u>ven *der Jugendliche*	**los <u>jó</u>venes** *die Jugendlichen*

§ 4 Die Artikel

1. Der bestimmte Artikel

	männlich	**weiblich**
Singular	**el**	**la**
Plural	**los**	**las**

Bsp.: **el sombrero – los sombreros**
der Hut – die Hüte
la información – las informaciones
die Information – die Informationen

Beachten Sie folgende Besonderheit: Wenn ein weibliches Substantiv mit einem betonten **a-** anfängt, wird es anstatt des weiblichen bestimmten Artikels **la** von dem männlichen **el** begleitet. Das Wort bleibt aber weiblich. Dies dient lediglich dazu, beim Sprechen den bestimmten Artikel von dem Substantiv zu unterscheiden: **el <u>a</u>gua** (weiblich) – *das Wasser*.

2. Der unbestimmte Artikel

	männlich	**weiblich**
Singular	**un**	**una**
Plural	**unos**	**unas**

Bsp.: **un español** *(ein Spanier)*
una española *(eine Spanierin)*

Die unbestimmten Artikel haben auch eine Pluralform, die eine unbestimmte Menge angibt.
Bsp.: **Tengo unos buenos amigos en Madrid.**
Ich habe (einige) gute Freunde in Madrid.

Der unbestimmte Artikel im Plural kann jedoch auch im Spanischen weggelassen werden:
Bsp.: **Tengo buenos amigos en Madrid.**
Ich habe gute Freunde in Madrid.

§ 5 Die Substantive

Die spanischen Substantive sind entweder männlich oder weiblich.
Bsp.: **la luna** – *der Mond*; **el sol** – *die Sonne*

Zum Geschlecht der Substantive gilt im Allgemeinen:
- Wörter, die auf **-o** enden, sind meistens männlich: **el piso** *(die Wohnung)*, **el amigo** *(der Freund)*
- Wörter, die auf **-a** enden, sind meistens weiblich: **la hora** *(die Stunde)*, **la amiga** *(die Freundin)*
- Wörter, die auf **-e** oder auf Konsonant enden, können männlich oder weiblich sein: **el viaje** *(die Reise)*, **la mujer** *(die Frau)*
- Wörter, die auf **-dad** enden, sind weiblich: **la verdad** *(die Wahrheit)*
- Wörter, die auf **-ción** enden, sind weiblich: **la información** *(die Information)*
- Wörter, die auf **-ema** enden, sind männlich: **el sistema** *(das System)*, **el tema** *(das Thema)*
- Wörter, die Personen bezeichnen und auf **-ista** enden, können männlich und weiblich sein: **el turista** *(der Tourist)* / **la turista** *(die Touristin)*

Es gibt aber auch Ausnahmen:
- Weibliche Substantive auf **-o: la foto** *(das Foto)*, **la radio** *(das Radio)*, **la mano** *(die Hand)*, usw.
- Männliche Substantive auf **-a: el día** *(der Tag)*

Um die Mehrzahl zu bilden, fügt man Substantiven ein **-s** hinzu.
Bsp.: **curso – cursos; hora – horas**

Substantiven, die mit Konsonant enden, fügt man **-es** hinzu.
Bsp.: **español – españoles; verdad – verdades**

§ 6 Das Adjektiv

1. Adjektive richten sich in Geschlecht und Zahl nach dem Substantiv, auf das sie sich beziehen:
   Maite ha comprado una casa nueva.
   Maite hat ein neues Haus gekauft.
   Ese chico es muy simpático.
   Dieser Junge ist sehr sympathisch.
2. Adjektive, die auf **-o** enden, bilden die weibliche Form auf **-a** (für die Pluralbildung gelten dieselben Regeln wie für Substantive):

	Singular	Plural
männlich	**un escritorio pequeño** *ein kleiner Schreibtisch*	**escritorios pequeños** *kleine Schreibtische*
weiblich	**una cocina pequeña** *eine kleine Küche*	**cocinas pequeñas** *kleine Küchen*

3. Adjektive die auf **-e** oder Konsonant enden, haben nur eine Form für männlich und weiblich (für die Pluralbildung gelten dieselben Regeln wie für Substantive):

	Singular	Plural
männlich	**un piso grande** *eine große Wohnung*	**pisos grandes** *große Wohnungen*
weiblich	**una cama grande** *ein großes Bett*	**camas grandes** *große Betten*

	Singular	Plural
männlich	**un viaje internacional** *eine internationale Reise*	**viajes internacionales** *internationale Reisen*
weiblich	**una ciudad internacional** *eine internationale Stadt*	**ciudades internacionales** *internationale Städte*

4. Die Adjektive stehen meist nach dem Substantiv:
¡Somos un piso interesante!
Wir sind eine interessante Wohngemeinschaft!

Einige Adjektive können aber auch vor dem Substantiv stehen, z. B. wenn eine subjektive Bewertung ausgedrückt wird:
Es una bella mujer.
Sie ist eine schöne Frau.

Vorangestellt werden **mucho**, **poco** und Adjektive in Grußformeln und Wünschen:
Tengo mucho trabajo.
Ich habe viel Arbeit.
Hoy hay poco tráfico.
Heute gibt es wenig Verkehr.
¡Buenos días!
Guten Tag!/Guten Morgen!
¡Felices vacaciones!
Schöne Ferien!

5. Einige Adjektive werden vor männlichen Substantiven im Singular verkürzt:

bueno ▸ buen	**un buen vino** *ein guter Wein*
malo ▸ mal	**un mal estudiante** *ein schlechter Student*

6. Bezieht sich ein Adjektiv auf mehrere Substantive oder Personen verschiedenen Geschlechts, so wird die männliche Pluralform verwendet:
¡El piso y la terraza son estupendos!
Die Wohnung und die Terrasse sind super!

7. Bei der Pluralbildung kann es zu Änderungen in der Schreibweise oder in der Akzentsetzung kommen:
El niño está feliz. – *Das Kind ist glücklich.*
Los niños están felices. – *Die Kinder sind glücklich.*
Chema es joven. – *Chema ist jung.*
Chema y Jordi son jóvenes. – *Chema und Jordi sind jung.*

§ 7 Nationalitätsadjektive / Berufsbezeichnungen

Im Spanischen sind Nationalitätsbezeichnungen immer Adjektive. Zusammen mit den Berufsbezeichnungen werden sie nach ihrer Endung klassifiziert:

- Wörter mit Endung auf **-o** bzw. **-a** für die männliche bzw. weibliche Form:
  mexicano / mexicana
  Mexikaner/in, mexikanisch
  el ingeniero / la ingeniera
  der Ingenieur/die Ingenieurin
- Wörter mit Endung auf Konsonant, welche die weibliche Form durch Anhängen von **-a** bilden:
  español / española
  Spanier/in, spanisch
  el profesor / la profesora
  der Lehrer/die Lehrerin
- Wörter mit Endung auf **-a** oder **-e** bleiben unverändert:
  canadiense
  Kanadier/in, kanadisch
  el estudiante / la estudiante
  der Student/die Studentin
  belga
  Belgier/in, belgisch
  el taxista / la taxista
  der Taxifahrer/die Taxifahrerin

Die Pluralformen werden wie die Substantive gebildet:

mexicano-s	**mexicana-s**
español-es	**española-s**
canadiense-s	**canadiense-s**

Die Nationalitätsadjektive stehen immer nach dem Substantiv:
Chema es un chico español.
Chema ist ein spanischer Junge.

Neben den bisher genannten drei Wortklassen gibt es für die Nationalitätsadjektive darüber hinaus folgendes Schema:
iraní – *Iraner/in*
paquistaní – *Pakistaner/in*
iraquí – *Iraker/in*

§ 8 Die Verkleinerung

Verkleinerungsformen sind im Spanischen sehr geläufig und auch als Koseformen sehr beliebt. Sie werden durch Anhängen der Endung **-ito/ -ita** gebildet:
¿Me pone una lechuguita (◂ lechuga)?
Geben Sie mir einen kleinen Kopfsalat (= Kopfsalätchen)?

In diesem Beispielsatz ist zu beachten, dass **-g-** zu **-gu-** wird, damit die Aussprache erhalten bleibt.

Bei Wörtern auf **-e** oder auf Konsonant wird die Endung **-cito/-cita** verwendet:
¿Tomamos un cafecito (◂ café) aquí?
Trinken wir einen kleinen Kaffee (= Käffchen) hier?

Diesem Beispielsatz können Sie entnehmen, dass es eventuell auch zu Akzentänderungen kommt.

Bei Wörtern, die **-z-**, **-c-** oder **-g-** in der letzten Silbe haben, treten folgende Änderungen in der Schreibweise auf, damit die Aussprache erhalten bleibt:
-z- ▸ **-c-** , z. B. **terraza** ▸ **terracita**
-c- ▸ **-qu-**, z. B. **un poco** ▸ **un poquito**
-g- ▸ **-gu-**, z. B. **lechuga** ▸ **lechuguita**

§ 9 Das Adverb

Während die Adjektive ein Substantiv näher bestimmen, bestimmen Adverbien ein Verb, ein Adjektiv, ein anderes Adverb oder einen ganzen Satz.
z. B.:
In dem Satz *Das ist ein gutes Restaurant* definiert das Wort *gutes* das Substantiv (wie das Restaurant ist), d. h. es ist ein Adjektiv.
In dem Satz *In dem Restaurant isst man gut* definiert das Wort *gut* das Verb (wie man isst), d. h. es ist ein Adverb.
Adverbien sind im Gegensatz zu den Adjektiven unveränderlich.

1. Adverbien auf *-mente*

Adverbien können im Spanischen von Adjektiven abgeleitet werden, indem man die Endung **-mente** an die weibliche Form des Adjektivs anhängt:
seguro/-a *(sicher)* ▸ **seguramente** *(sicherlich)*

Wenn das Adjektiv nur eine Form für männlich und weiblich hat, hängt man direkt die Endung **-mente** an:
fácil *(einfach)* ▸ **fácilmente** *(einfach, mühelos)*

! Wenn das Adjektiv einen Akzent trägt, bleibt er auch beim Adverb erhalten.

2. Unregelmäßige Adverbien

Bien und **mal** sind die entsprechenden Adverbien zu den Adjektiven **bueno/a** und **malo/a**:
Ellos se llevan bien.
Sie verstehen sich gut.
Ese chico me cae mal.
Ich mag diesen Jungen nicht.

3. Adverbien bzw. adverbiale Ausdrücke der Häufigkeit

siempre	*immer*
normalmente	*normalerweise*
con frecuencia	*oft, häufig*

▾

varias veces	*mehrmals*
algunas veces	*einige Male*
a veces	*manchmal*
una vez	*einmal*
raramente	*selten*
casi nunca	*fast nie*
nunca	*nie*
todos los días	*jeden Tag*
cada día	*jeden Tag*
una vez al día / a la semana	*einmal am Tag / in der Woche*
una vez por día / por semana*	*einmal am Tag / in der Woche*
dos veces al mes / al año	*zweimal im Monat / im Jahr*
dos veces por mes / por año*	*zweimal im Monat / im Jahr*

* Statt der Präposition **a** kann man die Präposition **por** ohne Artikel benutzen: **una vez por año** *(einmal pro Jahr)*; man verwendet aber eher die Präposition **a**.

§ 10 Der Vergleich

Bei Gleichheit:

tan + Adjektiv + como *(so … wie)*

Para mí hacer deporte es tan importante como salir con los amigos.
Für mich ist Sport treiben so wichtig wie mit den Freunden auszugehen.

tanto/-a/-os/-as + Substantiv + como *(so viel(e) … wie)*

Chema tiene tantos amigos como Jordi.
Chema hat so viele Freunde wie Jordi.

Tanto/-a/-os/-as stimmt mit dem Substantiv in Geschlecht und Zahl überein.

Bei Überlegenheit:

más + Adjektiv + que

Comer en la cantina es más práctico que comer en casa.
In der Kantine zu essen ist praktischer als zu Hause zu essen.

Bei Unterlegenheit:

menos + Adjektiv + que

Comer en casa es menos práctico que comer en la cantina.
Zu Hause zu essen ist weniger praktisch als in der Kantine zu essen.

Einige Adjektive haben unregelmäßige Formen für den Vergleich der Überlegenheit, z. B.:

bueno/-a *(gut)* ▸ **mejor** *(besser)*
malo/-a *(schlecht)* ▸ **peor** *(schlechter)*

§ 11 Die Steigerung

Ein sehr hoher Grad oder der höchste Grad einer Eigenschaft wird ausgedrückt, indem man das Adverb **muy** verwendet oder die Endung **-ísimo/-a/-os/-as** anhängt, und zwar wie folgt:

- Bei Adjektiven, die auf Konsonant enden, wird direkt **-ísimo** angehängt:
  muy fácil ▸ facilísimo *sehr leicht*
- Bei Adjektiven, die auf Vokal enden, wird **-ísimo** anstelle des Endvokals angefügt:
  muy caro ▸ carísimo *sehr teuer*
  muy grande ▸ grandísimo *sehr groß*

Damit die Aussprache erhalten bleibt, muss man manchmal die Schreibweise ändern:

muy largo ▸ larguísimo *sehr lang*
muy rico ▸ riquísimo *sehr reich*

Besonders ausdrucksstarke Adjektive, wie z. B. **fantástico**, können keine Form mit der Endung **-ísimo** bilden. Stattdessen kann man sie mit **realmente** verstärken:

fantástico ▸ realmente fantástico
toll ▸ echt toll

§ 12 *muy / mucho*

Muy *(sehr)* und **mucho** als Adverb *(sehr, viel)* sind unveränderlich.

Muy steht vor Adjektiven (z. B. **amable**) oder Adverbien (z. B. **tarde**):
Es un chico muy amable.
Er ist ein sehr netter Junge.
¡Es muy tarde! – *Es ist sehr spät!*

Mucho steht nach dem Verb, auf das es sich bezieht, oder allein:
Nos hemos divertido mucho.
Wir haben uns sehr amüsiert.
¿Le ha gustado, abuela? – ¡Mucho!
Hat es Ihnen gefallen, Großmutter? – Sehr!

! Aufgepasst: **mucho** kann auch als Adjektiv auftreten, d. h. in diesem Fall gleicht es sich an das Substantiv an, auf das es sich bezieht:
Tengo muchas amigas en México.
Ich habe viele Freundinnen in Mexiko.

§ 13 Regelmäßige Verben

Die Verben im Spanischen werden ihren Infinitivendungen entsprechend in drei Gruppen eingeteilt:

1. Konjugation: Verben mit Endung auf **-ar**
2. Konjugation: Verben mit Endung auf **-er**
3. Konjugation: Verben mit Endung auf **-ir**

Die regelmäßigen Verben werden im Präsens folgendermaßen konjugiert:

1. Regelmäßige Verben auf *-ar*:

An den Wortstamm (d. h. was übrig bleibt, wenn man die Endung **-ar** weglässt) werden die folgenden Endungen angehängt:

trabaj-ar *(arbeiten)*

yo	trabaj-**o**	*ich arbeite*
tú	trabaj-**as**	*du arbeitest*
él, ella, usted	trabaj-**a**	*usw.*
nosotros, nosotras	trabaj-**amos**	
vosotros, vosotras	trabaj-**áis**	
ellos, ellas, ustedes	trabaj-**an**	

2. Regelmäßige Verben auf *-er*:

An den Wortstamm werden die folgenden Endungen angehängt:

com-er *(essen)*

yo	com-**o**	*ich esse*
tú	com-**es**	*du isst*
él, ella, usted	com-**e**	*usw.*
nosotros, nosotras	com-**emos**	
vosotros, vosotras	com-**éis**	
ellos, ellas, ustedes	com-**en**	

3. Regelmäßige Verben auf *-ir*:

An den Wortstamm werden die folgenden Endungen angehängt:

viv-ir *(wohnen, leben)*

yo	viv-**o**	*ich wohne*
tú	viv-**es**	*du wohnst*
él, ella, usted	viv-**e**	*usw.*
nosotros, nosotras	viv-**imos**	
vosotros, vosotras	viv-**ís**	
ellos, ellas, ustedes	viv-**en**	

§ 14 Unregelmäßige Verben

Die unregelmäßigen Verben werden im Präsens folgendermaßen konjugiert:

1. Unregelmäßige Verben in der ersten Person Singular:

estar *(sein, sich befinden, liegen)*

yo	**estoy**	*ich bin*
tú	**est-ás**	*du bist*
él, ella, usted	**est-á**	*er, sie ist/ Sie sind*
nosotros, nosotras	**est-amos**	*wir sind*
vosotros, vosotras	**est-áis**	*ihr seid*
ellos, ellas, ustedes	**est-án**	*sie, Sie sind*

Weitere unregelmäßige Verben in der ersten Person Singular:

hacer *(machen, tun)* ▸ yo ha**g**o
poner *(stellen, legen, geben)* ▸ yo pon**g**o
traer *(bringen)* ▸ yo trai**g**o
conocer *(kennen)* ▸ yo cono**zc**o
saber *(wissen)* ▸ yo **sé**
ver *(sehen)* ▸ yo **veo**

2. Unregelmäßige Verben mit Änderung im Stamm:

Bei einigen Verben ändert sich der Stammvokal bei den Formen, bei denen die Betonung auf den Wortstamm fällt (das sind alle Personen außer **nosotros** und **vosotros**):

e ▸ ie

querer *(wollen, möchten)*

yo	qu**ie**r-o	*ich will*
tú	qu**ie**r-es	*du willst*
él, ella, usted	qu**ie**r-e	*usw.*
nosotros, nosotras	quer-emos	
vosotros, vosotras	quer-éis	
ellos, ellas, ustedes	qu**ie**r-en	

preferir *(vorziehen)*

yo	pref**ie**r-o	*ich ziehe vor*
tú	pref**ie**r-es	*du ziehst vor*
él, ella, usted	pref**ie**r-e	*usw.*
nosotros, nosotras	prefer-imos	
vosotros, vosotras	prefer-ís	
ellos, ellas, ustedes	pref**ie**r-en	

Dies gilt ebenso für folgende Verben:
empezar *(anfangen)*
pensar *(denken)*
sentirse *(sich fühlen)*

o ▸ ue

poder *(können, dürfen)*

yo	p**ue**d-o	*ich kann*
tú	p**ue**d-es	*du kannst*
él, ella, usted	p**ue**d-e	*usw.*
nosotros, nosotras	pod-emos	
vosotros, vosotras	pod-éis	
ellos, ellas, ustedes	p**ue**-den	

Dies gilt ebenso für folgende Verben:
almorzar *(zu Mittag essen)*
acostarse *(ins Bett gehen)*
dormir *(schlafen)*
doler *(weh tun)*

Bitte beachten Sie: Das Verb **doler** wird mit einem indirekten Pronomen verwendet:
Me duele la mano. – *Mir tut die Hand weh.*

e ▸ i

seguir *(weitergehen, weitermachen)*

yo	s**i**g-o	*ich gehe weiter*
tú	s**i**gu-es	*du gehst weiter*
él, ella, usted	s**i**gu-e	*usw.*
nosotros, nosotras	segu-imos	
vosotros, vosotras	segu-ís	
ellos, ellas, ustedes	s**i**gu-en	

Dies gilt ebenso für folgende Verben:
conseguir *(erreichen, finden)*
elegir *(wählen, auswählen)*
freír *(frittieren, braten)*
pedir *(bestellen)*
repetir *(wiederholen)*
servir *(dienen)*
vestir *(kleiden)*

Bei den Verben **seguir**, **conseguir** und **elegir** ist außerdem zu beachten, dass es in der ersten Person Singular zu einer orthographischen Veränderung kommt, damit die Aussprache erhalten bleibt.

-gu- ▸ -g-:	se**gu**ir ▸ si**g**o
	conse**gu**ir ▸ consi**g**o
-g- ▸ -j-:	ele**g**ir ▸ eli**j**o

3. Gemischte Verben:

Diese Verben haben nicht nur eine unregelmäßige erste Person Singular, sondern sie weisen auch eine Veränderung des Stammvokals auf.

tener *(haben)*

yo	ten**g**-o	*ich habe*
tú	ti**e**n-es	*du hast*
él, ella, usted	ti**e**n-e	*usw.*
nosotros, nosotras	ten-emos	
vosotros, vosotras	ten-éis	
ellos, ellas, ustedes	ti**e**n-en	

decir *(sagen)*

yo	di**g**-o	*ich sage*
tú	d**i**c-es	*du sagst*
él, ella, usted	d**i**c-e	*usw.*
nosotros, nosotras	dec-imos	
vosotros, vosotras	dec-ís	
ellos, ellas, ustedes	d**i**c-en	

4. Sehr unregelmäßige Verben:

ser *(sein)*

yo	**soy**	*ich bin*
tú	**eres**	*du bist*
él, ella, usted	**es**	*usw.*
nosotros, nosotras	**somos**	
vosotros, vosotras	**sois**	
ellos, ellas, ustedes	**son**	

ir *(gehen)*

yo	**voy**	*ich gehe*
tú	**vas**	*du gehst*
él, ella, usted	**va**	*usw.*
nosotros, nosotras	**vamos**	
vosotros, vosotras	**vais**	
ellos, ellas, ustedes	**van**	

§ 15 Das Perfekt / Form und Gebrauch

1. Form

Das Perfekt besteht aus zwei Teilen:
Form von **haber** + Partizip vom Verb (unveränderlich)

z. B. **he** **trabajado**
ich habe *gearbeitet*

Die Verben auf **-ar** (z. B. **trabajar**) bilden das Partizip mit der Endung **-ado** (z. B. **trabajado**).
Die Verben auf **-er** und **-ir** (z. B. **comer**, **vivir**) bilden das Partizip mit der Endung **-ido** (z. B. **comido**, **vivido**).

So wird die ganze Form konjugiert:

yo	**he**	*habe*	**trabajado**
tú	**has**	*hast*	*gearbeitet*
él, ella, usted	**ha**	*hat*	**comido**
nosotros, nosotras	**hemos**	*haben*	*gegessen*
vosotros, vosotras	**habéis**	*habt*	**vivido**
ellos, ellas, ustedes	**han**	*haben*	*gewohnt*

Im Folgenden einige unregelmäßige Formen des Partizips:

abrir ▸ **abierto** *(geöffnet)*
decir ▸ **dicho** *(gesagt)*
escribir ▸ **escrito** *(geschrieben)*
hacer ▸ **hecho** *(gemacht)*
poner ▸ **puesto** *(gestellt, gesetzt, gelegt)*
ver ▸ **visto** *(gesehen)*
volver ▸ **vuelto** *(zurückgekehrt)*

Wenn ein Pronomen – sei es im Akkusativ oder Dativ oder sei es ein Reflexivpronomen – ein Verb im Perfekt begleitet, steht es unmittelbar vor dem Verb:
¿Has visto a la abuela en el bar de Paco?
Hast du die Großmutter in der Bar von Paco gesehen?
Sí, la he visto. *Ja, ich habe sie gesehen.*

Im Fall einer Verneinung steht diese nicht wie sonst üblich direkt vor dem Verb, sondern vor dem Pronomen:
No, no la he visto.
Nein, ich habe sie nicht gesehen.

2

Grammatik

2. Gebrauch

Das Perfekt ist eine Vergangenheitsform, die in enger Beziehung zur Gegenwart steht. Es wird deshalb zusammen mit Zeitangaben gebraucht, die auf die Gegenwart bzw. auf einen noch gegenwärtigen Zeitraum hinweisen: **hoy** *(heute)*, **esta mañana** *(heute morgen)*, **esta semana** *(diese Woche)*, **este año** *(dieses Jahr)*.

¿Qué has hecho hoy?
Was hast du heute gemacht?

Este año he trabajado mucho.
Dieses Jahr habe ich viel gearbeitet.

Außerdem wird das Perfekt für Ereignisse gebraucht, deren Zeitpunkt nicht näher bestimmt wird bzw. keine Rolle spielt, z. B. **alguna vez** *(einmal)*, **todavía no** *(noch nicht)*, **muchas veces** *(oft)*, **nunca** *(nie/niemals)*.

¿Has estado alguna vez en Madrid?
Bist du schon einmal in Madrid gewesen?
No hemos ido nunca a Valencia.
Wir sind nie nach Valencia gefahren.

§ 16 Das *Indefinido* / Form und Gebrauch

1. Form

Regelmäßige Formen
Verben auf **-ar**:

yo	**trabaj-é**	*ich arbeitete*
tú	**trabaj-aste**	*du arbeitetest*
él, ella, usted	**trabaj-ó**	*usw.*
nosotros, nosotras	**trabaj-amos**	
vosotros, vosotras	**trabaj-asteis**	
ellos, ellas, ustedes	**trabaj-aron**	

Verben auf **-er**:

yo	**com-í**	*ich aß*
tú	**com-iste**	*du aßest*
él, ella, usted	**com-ió**	*usw.*
nosotros, nosotras	**com-imos**	
vosotros, vosotras	**com-isteis**	
ellos, ellas, ustedes	**com-ieron**	

Verben auf **-ir**:

yo	**viv-í**	*ich wohnte*
tú	**viv-iste**	*du wohntest*
él, ella, usted	**viv-ió**	*usw.*
nosotros, nosotras	**viv-imos**	
vosotros, vosotras	**viv-isteis**	
ellos, ellas, ustedes	**viv-ieron**	

Unregelmäßige Formen
ser und **ir**
Diese Verben haben im Indefinido identische Formen (die jeweilige Bedeutung wird durch den Kontext klar):

yo	**fui**	*ich war/ging*
tú	**fuiste**	*du warst/gingst*
él, ella, usted	**fue**	*usw.*
nosotros, nosotras	**fuimos**	
vosotros, vosotras	**fuisteis**	
ellos, ellas, ustedes	**fueron**	

Verben mit unregelmäßigem Stamm (für alle gelten jedoch die gleichen Endungen):

tener

yo	**tuv-e**	*ich hatte*
tú	**tuv-iste**	*du hattest*
él, ella, usted	**tuv-o**	*usw.*
nosotros, nosotras	**tuv-imos**	
vosotros, vosotras	**tuv-isteis**	
ellos, ellas, ustedes	**tuv-ieron**	

estar

yo	**estuv-e**	*ich war*
tú	**estuv-iste**	*du warst*
él, ella, usted	**estuv-o**	*usw.*
nosotros, nosotras	**estuv-imos**	
vosotros, vosotras	**estuv-isteis**	
ellos, ellas, ustedes	**estuv-ieron**	

saber

yo	**sup-e**	*ich wusste*
tú	**sup-iste**	*du wusstest*
él, ella, usted	**sup-o**	*usw.*
nosotros, nosotras	**sup-imos**	
vosotros, vosotras	**sup-isteis**	
ellos, ellas, ustedes	**sup-ieron**	

poder

yo	**pud-e**	*ich konnte*
tú	**pud-iste**	*du konntest*
él, ella, usted	**pud-o**	*usw.*
nosotros, nosotras	**pud-imos**	
vosotros, vosotras	**pud-isteis**	
ellos, ellas, ustedes	**pud-ieron**	

poner

yo	**pus-e**	*ich stellte*
tú	**pus-iste**	*du stelltest*
él, ella, usted	**pus-o**	*usw.*
nosotros, nosotras	**pus-imos**	
vosotros, vosotras	**pus-isteis**	
ellos, ellas, ustedes	**pus-ieron**	

Das Verb **proponer** *(vorschlagen)* wird wie **poner** konjugiert.

Achtung! Das Indefinido von **hay** *(es gibt)* lautet **hubo**.

querer

yo	**quis-e**	*ich wollte*
tú	**quis-iste**	*du wolltest*
él, ella, usted	**quis-o**	*usw.*
nosotros, nosotras	**quis-imos**	
vosotros, vosotras	**quis-isteis**	
ellos, ellas, ustedes	**quis-ieron**	

venir

yo	**vin-e**	*ich kam (mit)*
tú	**vin-iste**	*du kamst (mit)*
él, ella, usted	**vin-o**	*usw.*
nosotros, nosotras	**vin-imos**	
vosotros, vosotras	**vin-isteis**	
ellos, ellas, ustedes	**vin-ieron**	

hacer (in der dritten Person Singular wird ein Buchstabe ausgetauscht: **c** ▸ **z**)

yo	**hic-e**	*ich machte*
tú	**hic-iste**	*du machtest*
él, ella, usted	**hiz-o**	*usw.*
nosotros, nosotras	**hic-imos**	
vosotros, vosotras	**hic-isteis**	
ellos, ellas, ustedes	**hic-ieron**	

decir (in der dritten Person Plural wird ein Buchstabe der Endung weggelassen: **ieron** ▸ **eron**)

yo	**dij-e**	*ich sagte*
tú	**dij-iste**	*du sagtest*
él, ella, usted	**dij-o**	*usw.*
nosotros, nosotras	**dij-imos**	
vosotros, vosotras	**dij-isteis**	
ellos, ellas, ustedes	**dij-eron**	

Dies gilt ebenso für das Verb **traer**:

yo	**traj-e**	*ich brachte*
tú	**traj-iste**	*du brachtest*
él, ella, usted	**traj-o**	*usw.*
nosotros, nosotras	**traj-imos**	
vosotros, vosotras	**traj-isteis**	
ellos, ellas, ustedes	**traj-eron**	

Bei den Verben auf **-ir**, die im Präsens einen Vokalwechsel haben (z. B. **pedir** ▸ **(yo) pido**, **divertirse** ▸ **(yo) me divierto**), wechselt auch im Indefinido der Stammvokal immer von **e** zu **i**, aber nur in der dritten Person Singular und Plural:

yo	**ped-í**	*ich bestellte*
tú	**ped-iste**	*du bestelltest*
él, ella, usted	**pid-ió**	*usw.*
nosotros, nosotras	**ped-imos**	
vosotros, vosotras	**ped-isteis**	
ellos, ellas, ustedes	**pid-ieron**	

Dies gilt ebenso für das Verb **divertirse** *(sich amüsieren)*.

Auch bei den Verben auf **-ir**, die im Präsens den Vokalwechsel **o** ▸ **ue** aufweisen (z. B. **dormir** ▸ **(yo) duermo**), wechselt im Indefinido der Stammvokal immer von **o** zu **u**, aber nur in der dritten Person Singular und Plural:

yo	**dorm-í**	*ich schlief*
tú	**dorm-iste**	*du schliefst*
él, ella, usted	**durm-ió**	*usw.*
nosotros, nosotras	**dorm-imos**	
vosotros, vosotras	**dorm-isteis**	
ellos, ellas, ustedes	**durm-ieron**	

Einige Verben ändern ihre Schreibweise im Indefinido, damit die Aussprache erhalten bleibt. So werden **c**, **z** oder **g** am Ende des Wortstamms vor dem **e** der ersten Person Singular zu **qu**, **c** oder **gu**:

buscar

yo	**busqu-é**	*ich suchte*
tú	**busc-aste**	*du suchtest*
él, ella, usted	**busc-ó**	*usw.*
nosotros, nosotras	**busc-amos**	
vosotros, vosotras	**busc-asteis**	
ellos, ellas, ustedes	**busc-aron**	

empezar

yo	**empec-é**	*ich fing an*
tú	**empez-aste**	*du fingst an*
él, ella, usted	**empez-ó**	*usw.*
nosotros, nosotras	**empez-amos**	
vosotros, vosotras	**empez-asteis**	
ellos, ellas, ustedes	**empez-aron**	

llegar

yo	**llegu-é**	*ich kam an*
tú	**lleg-aste**	*du kamst an*
él, ella, usted	**lleg-ó**	*usw.*
nosotros, nosotras	**lleg-amos**	
vosotros, vosotras	**lleg-asteis**	
ellos, ellas, ustedes	**lleg-aron**	

Bei einigen Verben wie **leer** kommt es zu einer Veränderung des Endungsvokals **i** ▸ **y**, aber nur in der dritten Person Singular und Plural:

yo	**le-í**	*ich las*
tú	**le-íste**	*du last*
él, ella, usted	**le-yó**	*usw.*
nosotros, nosotras	**le-ímos**	
vosotros, vosotras	**le-ísteis**	
ellos, ellas, ustedes	**le-yeron**	

Achten Sie dabei auf die Akzente auf dem Vokal **i**.

Dies gilt ebenso für das Verb **creer** *(glauben)*.

2. Gebrauch

Das Indefinido drückt Handlungen oder Ereignisse aus, die vom Sprechenden als abgeschlossen betrachtet werden. Deshalb steht das Indefinido häufig in Verbindung mit Zeitangaben wie z. B. **el otro día** *(neulich)*, **ayer** *(gestern)*, **la semana pasada** *(letzte Woche)*, **el mes pasado** *(letzten Monat)*, **el año pasado** *(letztes Jahr)*, **en 1970** *(1970)*.

El otro día vi a Rosita en el médico y hablamos un rato.
Neulich sah ich Rosita beim Arzt und wir redeten eine Weile.

Das Indefinido wird in einigen Regionen Spaniens und in den meisten Ländern Lateinamerikas anstelle des Perfekts benutzt:
¿Adónde fuiste hoy? / ¿Adónde has ido hoy?
Wohin gingst du heute? / Wohin bist du heute gegangen?

§ 17 Das Imperfekt / Form und Gebrauch

1. Form

Das Imperfekt (**imperfecto**) ist eine weitere Vergangenheitsform.

Regelmäßige Formen

Verben auf **-ar** (z. B. **trabaj-ar**):

yo	**trabaj-aba**
tú	**trabaj-abas**
él, ella, usted	**trabaj-aba**
nosotros, nosotras	**trabaj-ábamos**
vosotros, vosotras	**trabaj-abais**
ellos, ellas, ustedes	**trabaj-aban**

Verben auf **-er** und **-ir** (z. B. **com-er / viv-ir**):

yo	**com-ía / viv-ía**
tú	**com-ías / viv-ías**
él, ella, usted	**com-ía / viv-ía**
nosotros, nosotras	**com-íamos / viv-íamos**
vosotros, vosotras	**com-íais / viv-íais**
ellos, ellas, ustedes	**com-ían / viv-ían**

▼

Unregelmäßige Formen

ser	ver	ir
era	**veía**	**iba**
eras	**veías**	**ibas**
era	**veía**	**iba**
éramos	**veíamos**	**íbamos**
erais	**veíais**	**ibais**
eran	**veían**	**iban**

! Das Imperfekt von **hay** *(es gibt)* lautet **había**.

2. Gebrauch

Das Imperfekt dient zur Beschreibung vergangener Situationen, Zustände und Umstände. Betrachten Sie folgende Beispiele:

- einen Zustand beschreiben:
  ¡Estábamos preocupadísimas!
  Wir waren sehr besorgt!
- einen Gegenstand bzw. Sachverhalt beschreiben:
  El restaurante era precioso.
  Das Restaurant war sehr schön.
- eine Person beschreiben:
  Tenía los ojos azules.
  Er/Sie hatte blaue Augen.
- eine Situation beschreiben:
  Hacía mucho calor.
  Es war sehr warm.
- eine Situation beschreiben, die den Hintergrund bzw. Umstand für eine neu eintretende Handlung bildet (die neue Handlung steht dann im Indefinido oder Perfekt):
  La temperatura era muy agradable, había mucha gente en la plaza y el grupo musical era excelente, así que decidimos sentarnos en una terraza y tomar algo.
  Die Temperatur war sehr angenehm, es waren viele Leute auf dem Platz und die Musikgruppe war ausgezeichnet. Dann haben wir entschieden, uns auf eine ‚Terraza' zu setzen und etwas zu trinken.
- wiederholte Handlungen und Gewohnheiten in der Vergangenheit beschreiben:
  Cuando tenía tu edad, iba a bailar a las verbenas.
  Als ich in deinem Alter war, bin ich (immer) auf den Dorffesten tanzen gegangen.

Das Imperfekt steht häufig mit Angaben wie **antes** *(früher)*, **siempre** *(immer)*, **todos los días** *(jeden Tag)*, **mientras** *(während)*, usw.
Das Indefinido, mit dem neu einsetzende Handlungen ausgedrückt werden, steht häufig mit Angaben wie **entonces** *(dann)*, **de repente** *(plötzlich)*, **de pronto** *(auf einmal)*, **enseguida** *(sofort)*, **un día** *(eines Tages)*, usw.

§ 18 Das Gerundium/ Form und Gebrauch

1. Form

Das Gerundium lässt sich sehr leicht vom Infinitiv ableiten:
Verben auf **-ar** tauschen ihre Endung gegen **-ando**;
Verben auf **-er** und **-ir** tauschen ihre Endung gegen **-iendo**:

trabajar ▸ **trabajando**
comer ▸ **comiendo**
vivir ▸ **viviendo**

Es gibt auch einige unregelmäßige Formen des Gerundiums:

- Änderung des Stammvokals **e** ▸ **i** (wie in den Präsensformen der entsprechenden Verben):
  decir ▸ **diciendo**
- Änderung des Stammvokals **o** ▸ **u**:
  dormir ▸ **durmiendo**
- Wenn der Verbstamm auf Vokal endet, wird die Endung **-iendo** zu **-yendo**:
  leer ▸ **leyendo**

Dies geschieht auch bei dem Verb **ir** ▸ **yendo**

▼

2

Grammatik

2. Gebrauch

Um eine Handlung, die gerade stattfindet, zu beschreiben, verwendet man die Struktur **estar** + Gerundium:

¡Estoy preparando algo de cena!
Ich koche gerade etwas zum Abendessen!

Wenn der Satz ein Pronomen enthält, steht es entweder vor dem Verb **estar** oder es wird an das Gerundium angehängt. In diesem Fall ist ein Akzent erforderlich, damit die Betonung erhalten bleibt:

Le estoy escribiendo una carta. = Estoy escribiéndole una carta.
Ich schreibe ihm gerade einen Brief.
¿Te estás afeitando, Agustín? = ¿Estás afeitándote, Agustín?
Rasierst du dich gerade, Agustín?

Das Gerundium kann auch allein vorkommen und steht dann anstelle eines Nebensatzes *(indem …, wenn …)*:

Comiendo en la cantina se ahorra tiempo y dinero.
Wenn man in der Kantine isst, spart man Zeit und Geld.

Sehr häufig tritt das Gerundium in Verbindung mit den Verben **pasar** *(verbringen)* und **seguir** *(weitermachen)* auf:

Yo siempre paso las tardes leyendo.
Ich verbringe die Abende immer mit Lesen.
Vamos a seguir buscando.
Lass uns weitersuchen.

§ 19 *ser / estar*

Ser wird für folgende Angaben verwendet:

- Namen, Identität:
  Yo soy Chema. *Ich bin Chema.*
  Esta es mi hermana. *Das ist meine Schwester.*
- Herkunft, Nationalität:
  Rosita es mexicana. *Rosita ist Mexikanerin.*
- Beruf, Stellung:
  Agustín es jefe del departamento de ventas.
  Agustín ist Leiter der Verkaufsabteilung.
- charakteristische Eigenschaften von Personen und Dingen (Beschreibung):
  Chema y Jordi son muy simpáticos.
  Chema und Jordi sind sehr sympathisch.
  México es un país fantástico.
  Mexiko ist ein tolles Land.
- Uhrzeit:
  Es la una y media. *Es ist halb zwei.*
  Son las ocho. *Es ist acht Uhr.*

Estar wird für folgende Angaben verwendet:

- geographische / örtliche Lage:
  El bolso está encima de la mesa.
  Die Tasche ist auf dem Tisch.
- persönliches Befinden:
  ¿Cómo está usted? *Wie geht es Ihnen?*
- vorübergehende oder veränderliche Zustände und Eigenschaften:
  La habitación está desordenada.
  Das Zimmer ist unordentlich.
  Estoy muy contenta en Madrid.
  Ich bin sehr zufrieden in Madrid.
- Bewertungen für Speisen und Getränke:
  Estas naranjas están muy ricas.
  Diese Orangen sind sehr lecker.
- mit dem Adverb **bien**:
  ¿Está bien así? *Ist es gut so?*

Beachten Sie! Einige Adjektive haben jeweils eine andere Bedeutung, je nachdem ob sie mit **ser** oder **estar** stehen:
ser cansado / -a – *ermüdend, anstrengend sein*
estar cansado / -a – *müde sein*

§ 20 *hay / está* bzw. *están*

Hay entspricht dem deutschen *es gibt* und ist die unveränderliche Form im Präsens von **haber** *(haben)*.

Es wird verwendet, wenn keine bestimmte Sache oder Person gemeint ist.
Deshalb steht **hay**:
- vor dem unbestimmten Artikel:
  En esta casa hay un ladrón.
  In diesem Haus gibt es einen Dieb.
- vor Wörtern im Plural ohne Artikel:
  En Madrid hay museos interesantes.
  In Madrid gibt es interessante Museen.
- vor Zahlwörtern:
  Encima de la mesa hay dos bolígrafos.
  Auf dem Tisch sind zwei Kugelschreiber.

Die Formen **está / están** werden verwendet, wenn man von einer bestimmten Person bzw. Sache spricht. Deshalb stehen diese Formen vor dem bestimmten Artikel oder auch vor dem Possessiv:
¿Dónde está la abuela?
Wo ist die Großmutter?
Aquí están la agenda y el móvil.
Hier sind der Terminkalender und das Handy.
¿Dónde está tu hermano?
Wo ist dein Bruder?

§ 21 Reflexive Verben

Reflexive Verben erkennt man an der Infinitivendung **-se**, z. B. **ducharse** *(sich duschen)*, **llamarse** *(heißen)*. Sie benötigen ein reflexives Pronomen *(mich, dich, sich, …)*.
Sie setzen sich zusammen aus dem Reflexivpronomen und der Verbform der jeweiligen Person:

yo	**me**	**llamo**	*ich heiße*
tú	**te**	**llamas**	*du heißt*
él, ella, usted	**se**	**llama**	*usw.*
nosotros, nosotras	**nos**	**llamamos**	
vosotros, vosotras	**os**	**llamáis**	
ellos, ellas, ustedes	**se**	**llaman**	

Beachten Sie, dass einige Verben im Spanischen reflexiv gebraucht werden, die im Deutschen jedoch nicht reflexiv sind, z. B. **levantarse** *(aufstehen)* oder **llamarse** *(heißen)*.

§ 22 Die unpersönliche Form *se*

Bei allgemeinen Formulierungen wird im Spanischen die unpersönliche dritte Person **se** *(= man)* verwendet. Das Verb steht dann in der dritten Person Singular oder aber in der dritten Person Plural, wenn das Objekt des Satzes ein Substantiv im Plural ist:
En ese bar se come un jamón muy bueno.
In dieser Bar isst man einen sehr guten Schinken.
En ese bar se comen unas croquetas muy ricas. *In dieser Bar isst man leckere Kroketten.*

2

Grammatik

§ 23 Infinitivkonstruktionen

es + Adjektiv + Infinitiv

Unpersönliche Ausdrücke kann man durch die Struktur **(no) es** + Adjektiv + Infinitiv ausdrücken:
Es importante descansar.
Es ist wichtig auszuruhen.

hay que + Infinitiv

Mit diesem unpersönlichen Ausdruck wird eine Verpflichtung oder Notwendigkeit in der unpersönlichen Form ausgedrückt:
Hay que dormir 7 horas como mínimo.
Man muss mindestens 7 Stunden schlafen.

Beachten Sie: Auch durch **tener que** + Infinitiv wird eine Verpflichtung oder Notwendigkeit ausgedrückt, aber das Subjekt muss in diesem Fall genannt werden, und somit ist keine unpersönliche Formulierung möglich:

Tienes que trabajar menos.
Du musst/solltest weniger arbeiten.

querer *(wollen, möchten)* + Infinitiv

Mit dieser Struktur wird ein Wunsch bzw. eine Absicht geäußert:
▼

¿Qué quieres tomar?
Was möchtest du trinken?
En abril quiero visitar Sevilla.
Im April will ich Sevilla besuchen.

ir a + Infinitiv

Diese Struktur wird verwendet, um ein Vorhaben oder einen Plan in der nahen Zukunft auszudrücken:
Mañana voy a dar un paseo con mis amigas.
Morgen gehe ich mit meinen Freundinnen spazieren.

pensar + Infinitiv *(vorhaben ...)*

Diese Struktur wird verwendet, um ein Vorhaben bzw. einen Plan ausdrücken:
También pienso ahorrar un poquito...
Ich habe auch vor, ein bisschen zu sparen...

§ 24 Die Verneinung

No steht immer vor dem Verb und vor den Reflexiv-, Akkusativ- oder Dativpronomen, und kann *nein, nicht* oder *kein/e* bedeuten:
¿Vives en Madrid? – No, vivo en Barcelona.
Wohnst du in Madrid? – Nein, ich wohne in Barcelona.
Yo no me llamo María, sino Marisa.
Ich heiße nicht María, sondern Marisa.
Félix no tiene dinero. *Félix hat kein Geld.*

Bitte beachten Sie folgenden Unterschied:
No, soy de México. **No soy de México.**
Nein, ich bin aus Mexiko. *Ich bin nicht aus Mexiko.*

Beim Aussprechen des Satzes **No, soy de México** muss man eine Pause nach dem **no** machen (dem geschriebenen Komma entsprechend), denn sonst wird der Satz verneint

Die doppelte Verneinung

Bei Wörtern wie **nada** *(nichts)*, **ningún / ninguno / ninguna** *(kein/e/er)*, **nunca** *(nie, niemals)* und **ni ... ni** *(weder ... noch)* ist im Spanischen eine doppelte Verneinung mit **no** erforderlich, wenn diese Ausdrücke nach dem Verb stehen:
No quiero beber nada, gracias.
Ich möchte nichts trinken, danke.
No me gusta ninguna falda de esa tienda.
Ich mag keinen Rock von diesem Geschäft.
No he estado nunca en México.
Ich bin nie in Mexiko gewesen.
No tomo ni café ni té.
Ich trinke weder Kaffee noch Tee.

§ 25 Subjektpronomen

Die Subjektpronomen sind:

Singular	1. Person	**yo**	*ich*
	2. Person	**tú**	*du*
	3. Person	**él, ella, usted**	*er, sie, Sie (Singular)*
Plural	1. Person	**nosotros, nosotras**	*wir*
	2. Person	**vosotros, vosotras**	*ihr*
	3. Person	**ellos, ellas, ustedes**	*sie, Sie (Plural)*

In der Höflichkeitsform gibt es eine Singular- (**usted**, Abkürzung: **Ud.**) und eine Pluralform (**ustedes**, Abkürzung: **Uds.**), je nachdem ob wir nur eine Person oder mehrere siezen.

Die Personalpronomen **nosotros**, **vosotros** haben auch die entsprechenden weiblichen Formen **nosotras**, **vosotras**.

Subjektpronomen werden im Spanischen nur in folgenden Fällen verwendet:
- um eine Person besonders hervorzuheben bzw. von mehreren zu unterscheiden

- um Missverständnisse zu vermeiden

Bsp.: **<u>Yo</u> soy Chema y éste es Jordi.**
Ich bin Chema und der ist Jordi.

In den Ländern Lateinamerikas wird immer **ustedes** statt **vosotros** gebraucht, d. h. im Plural sind die Du- und die Sie-Form dort gleich:

Bsp.: (Lateinamerika)
Ustedes son Chema y Jordi, ¿verdad?
Ihr seid/Sie sind Chema und Jordi, oder?
(Spanien)
Vosotros sois Chema y Jordi, ¿verdad?
Ihr seid Chema und Jordi, oder?

§ 26 Direkte Pronomen (Akkusativpronomen)

me	*mich*
te	*dich*
lo	*ihn, es, Sie*
la	*sie, es, Sie*
nos	*uns*
os	*euch*
los, las	*sie, Sie*

Die direkten Pronomen (Akkusativpronomen) beziehen sich auf etwas bzw. jemanden, das bzw. der schon erwähnt wurde.

Die direkten Pronomen stimmen in Geschlecht und Zahl mit dem Wort überein, auf das sie sich beziehen, und stehen immer unmittelbar vor dem Verb:

¿Dónde están <u>las gafas</u>? No <u>las</u> veo.
Wo ist die Brille? Ich sehe sie nicht.

Lo kann sich auch auf einen ganzen Satz oder eine Frage beziehen:

¿Sabes <u>dónde está mi monedero</u>? – No, no <u>lo</u> sé, mamá.
Weißt du, wo mein Geldbeutel ist? – Nein, ich weiß es nicht, Mutti.

Wenn das direkte Objekt dem Verb vorangeht, muss es in Form eines direkten Pronomens wiederholt werden. Dieses Pronomen stimmt in Geschlecht und Zahl mit dem Bezugswort überein.

<u>Este ordenador</u> <u>lo</u> utilizo sólo para navegar por internet.
Diesen Computer benutze ich nur, um im Internet zu surfen.

§ 27 Indirekte Pronomen (Dativpronomen)

Unbetonte indirekte Pronomen

me	*mir*
te	*dir*
le	*ihm, ihr, Ihnen (Sg.)*
nos	*uns*
os	*euch*
les	*ihnen, Ihnen (Pl.)*

Die indirekten Pronomen (Dativpronomen) stehen immer unmittelbar vor dem Verb:

¿Qué le pongo? *Was gebe ich Ihnen?*

Betonte indirekte Pronomen

a mí	*mir*
a ti	*dir*
a él, a ella	*ihm, ihr*
a usted	*Ihnen (Sg.)*
a nosotros, a nosotras	*uns*
a vosotros, a vosotras	*euch*
a ellos, a ellas	*ihnen (m.), ihnen (f.)*
a ustedes	*Ihnen (Pl.)*

Im Spanischen kann ein Satz zwei indirekte Objekte enthalten. Zusätzlich zu den unbetonten Pronomen (**me**, **te**, **le**, **nos**, **os**, **les**), die unbedingt erforderlich sind, können die betonten indirekten Pronomen verwendet werden:

<u>A mí</u> me encantan los cosméticos.
Ich mag Kosmetika sehr.

Anstelle des betonten indirekten Pronomens kann ein Dativobjekt (z. B. ein Name) im Satz stehen:

¿<u>A Noelia</u> le gustan los cosméticos?
Mag Noelia Kosmetika?

Diese Wiederholung dient zur Hervorhebung und Betonung der Person und vermeidet Missverständnisse (vor allem in der dritten Person).

Indirekte Pronomen nach den Präpositionen *para* und *con*:

para mí	*für mich*
para ti	*für dich*
para él, ella, usted	*für ihn, sie, Sie*
para nosotros, nosotras	*für uns*
para vosotros, vosotras	*für euch*
para ellos, ellas, ustedes	*für sie, Sie*
conmigo	*mit mir*
contigo	*mit dir*
con él, ella, usted	*mit ihm, ihr, Ihnen*
con nosotros, nosotras	*mit uns*
con vosotros, vosotras	*mit euch*
con ellos, ellas, ustedes	*mit ihnen, Ihnen*

Indirekte Pronomen bei den Verben *encantar* und *gustar*

Die Verben **encantar** *(begeistern, lieben)* und **gustar** *(gefallen, mögen, gern tun, schmecken)* werden mit den indirekten Pronomen verwendet und stimmen mit dem Subjekt (*wer* oder *was gefällt* bzw. *gefallen*) überein:
¡Me encanta México! *Ich liebe Mexiko!*
Me encantan los baños grandes.
Ich mag große Badezimmer sehr.
¿Te gusta viajar? *Reist du gern?*
¿Te gustan los muebles? *Gefallen dir die Möbel?*

§ 28 Kombinierte Pronomen

Wird in einem Satz ein indirektes und ein direktes Pronomen benutzt, so steht das indirekte vor dem direkten. Beide stehen vor dem Verb:
Si no tienes dinero, te lo dejo yo.
Wenn du kein Geld hast, leihe ich es dir.

Die indirekten Pronomen **le / les** werden zu **se**, wenn das direkte Pronomen **lo / la / los / las** folgt:
¿Le has comprado ya el regalo a tu madre?
No, todavía no se lo he comprado.
Hast du deiner Mutter das Geschenk schon gekauft?
Nein, ich habe es ihr noch nicht gekauft.

§ 29 Die Stellung der Pronomen

Direkte, indirekte sowie Reflexivpronomen stehen in der Regel vor dem Verb. Bei zusammengesetzten Zeiten stehen sie deshalb vor dem Verb **haber**:
¿Has visto a la abuela en el bar de Paco?
Sí, la he visto.
Hast du die Großmutter in der Bar von Paco gesehen?
Ja, ich habe sie gesehen.

Beim Gerundium sowie bei Infinitivkonstruktionen, z. B. Modalverben (wie **poder**) + Infinitiv oder **tener que** + Infinitiv, können die Pronomen vorangestellt oder an den Infinitiv bzw. an das Gerundium angehängt werden:
¿Le puedo ayudar en algo? = ¿Puedo ayudarle en algo?
Kann ich Ihnen helfen?

Bei angehängten Pronomen muss ein Akzent gesetzt werden, damit die Betonung erhalten bleibt:
Quiere dármelo mañana.
Er will es mir morgen geben.

§ 30 Der *Dativo de interés*

Der im Spanischen so genannte **Dativo de interés** ist ein indirektes Pronomen, das dazu dient, das Interesse des Sprechers daran zu zeigen, was ihm oder jemandem anderen geschieht bzw. geschehen ist. Damit wird also die Betroffenheit und innere Anteilnahme des Sprechenden am Geschehen ausgedrückt. Im Deutschen lässt sich diese Nuancierung der Satzbedeutung nur schwer wiedergeben, und so würde man die folgenden zwei Sätze jeweils gleich übersetzen.

¡Se <u>me</u> ha colgado el ordenador! = ¡Se ha colgado el ordenador!
Der Computer ist abgestürzt!

§ 31 Das direkte Objekt

Vor dem direkten Objekt steht die Präposition **a**, wenn es sich um Personen bzw. Gruppen von Personen handelt, seien sie ausformuliert oder durch Pronomen (z. B. **nadie**, **quién**, **alguien**) vertreten:
¿Has visto <u>a</u> la abuela?
Hast du die Großmutter gesehen?
¿Habéis visto <u>a</u> alguien?
Habt ihr jemanden gesehen?

In allen anderen Fällen folgt das direkte Objekt dem Verb:
¿Has visto la película?
Hast du den Film gesehen?

! Die Präposition **a** entfällt bei den Verben **buscar** und **necesitar** mit Berufsbezeichnung und ebenso bei Substantiven mit unbestimmtem Artikel nach dem Verb **tener**:
La empresa busca una secretaria.
Die Firma sucht eine Sekretärin.
Yo tengo una hermana.
Ich habe eine Schwester.

§ 32 Unbestimmte Pronomen

Das Pronomen **uno** *(einer, eines)* entspricht dem unbestimmten Artikel **un** ohne Substantiv:
Cuando tenía tu edad, tenía muchos novios: <u>uno</u> para el lunes, otro para el martes, otro para el ...
In deinem Alter hatte ich viele Freunde: einen für den Montag, einen anderen für den Dienstag, einen anderen für den ...

Die weibliche Form sowie die Pluralformen entsprechen den unbestimmten Artikeln:
No tengo aspirinas. ¿Tienes tú <u>una</u>?
Ich habe keine Aspirin. Hast du eine?

Yo siempre llevo gemelos. Ayer me regalaron <u>unos</u> de oro. *Ich trage immer Manschettenknöpfe. Gestern habe ich welche aus Gold geschenkt bekommen.*
Yo no necesito botas de montaña. Ya tengo <u>unas</u>. *Ich brauche keine Bergstiefel. Ich habe schon welche.*

§ 33 Demonstrativa

2

Die Demonstrativa bezeichnen bestimmte Gegenstände oder Personen, die sich in der unmittelbaren Nähe des Sprechers befinden – **este / esta / estos / estas** – oder weiter entfernt sind – **ese / esa / esos / esas**.

	Singular	Plural
männlich	**este libro** *dieses Buch (hier)*	**estos libros** *diese Bücher (hier)*
	ese libro *dieses Buch (da)*	**esos libros** *diese Bücher (da)*
weiblich	**esta casa** *dieses Haus (hier)*	**estas casas** *diese Häuser (hier)*
	esa casa *dieses Haus (da)*	**esas casas** *diese Häuser (da)*

Die Demonstrativa können in Verbindung mit einem Substantiv oder allein stehen. Im letzteren Fall können sie einen Akzent tragen.
¿Te gusta este jersey?
Magst du diesen Pullover (hier)?
¿Ése? Sí, es bastante bonito.
Dieser (da)? Ja, er ist ziemlich schön.

In bestimmten Fällen, in denen sonst eine Doppeldeutigkeit auftreten würde, wird obligatorisch ein Akzent gesetzt:

Dice que <u>ésta</u> *(= eine Frau)* **mañana no tiene tiempo.**
Er sagt, dass diese morgen keine Zeit hat.

Esto und **eso** stehen nie mit einem Substantiv zusammen. Sie beziehen sich auf etwas, das nicht konkret benannt wird oder noch definiert wird (Neutrum):

¿Qué es esto?	*Was ist das (hier)?*
No entiendo eso.	*Ich verstehe das nicht.*

§ 34 Possessiva

1. Die unbetonten Possessiva

Die unbetonten Possessiva stehen in der Regel vor dem Substantiv.

Männlich

mi	**abuelo**	*mein Großvater*
tu	**abuelo**	*dein Großvater*
su	**abuelo**	*sein, ihr, Ihr Großvater*
nuestro	**abuelo**	*unser Großvater*
vuestro	**abuelo**	*euer Großvater*
su	**abuelo**	*ihr, Ihr Großvater*

Weiblich

mi	**abuela**	*meine Großmutter*
tu	**abuela**	*deine Großmutter*
su	**abuela**	*seine, ihre, Ihre Großmutter*
nuestra	**abuela**	*unsere Großmutter*
vuestra	**abuela**	*eure Großmutter*
su	**abuela**	*ihre, Ihre Großmutter*

Die Formen der Possessiva sind für männliche und weibliche Substantive gleich außer **nuestro / nuestra** und **vuestro / vuestra**, die sich im Geschlecht nach dem Besitztum richten.

Die Possessiva richten sich in der Zahl nach dem Besitztum. Um den Plural zu bilden, hängt man ein **-s** an:

Tus padres están con mis abuelos.
Deine Eltern sind mit meinen Großeltern zusammen.

2. Die betonten Possessiva

Die betonten Possessiva werden verwendet, wenn man ein vorher genanntes Substantiv nicht wiederholen will. Das Possessiv wird dann mit dem bestimmten Artikel benutzt:

Tú tienes a tu familia cerca, ¡y la mía está tan lejos!
Du hast deine Familie in der Nähe, und meine ist so weit weg!

Wenn nach dem Besitzer gefragt wird, verwendet man keinen Artikel vor dem Possessiv:

¿Son tuyas estas gafas? – Sí, son mías.
Ist das deine Brille? – Ja, es ist meine.

Die betonten Formen können auch nach einem Substantiv stehen, wenn das Possessiv besonders betont wird:

Yo no conozco a esas amigas tuyas.
Ich kenne diese Freundinnen von dir nicht.

Auch in bestimmten Ausrufen stehen die betonten Possessiva nach dem Substantiv:

¡Dios mío!	*Mein Gott!*
Hijo mío	*Mein Junge*
Amigo mío	*Mein Freund*

Wenn eine/r von mehreren gemeint ist, steht das Possessiv nach dem Substantiv und dem entsprechenden unbestimmten Artikel:

Ese chico es un colega mío.
Dieser junge Mann ist ein Kollege von mir.

Hier sehen Sie die Formen:

Männlich

mío(s)	*mein(e)*
tuyo(s)	*dein(e)*
suyo(s)	*sein(e), ihr(e), Ihr(e)*
nuestro(s)	*unser(e)*
vuestro(s)	*euer, eure*
suyo(s)	*ihr(e), Ihr(e)*

Weiblich

mía(s)	*meine*
tuya(s)	*deine*
suya(s)	*seine, ihre, Ihre*
nuestra(s)	*unsere*
vuestra(s)	*eure*
suya(s)	*ihre, Ihre*

§ 35 Relativpronomen

Das Relativpronomen **que** *(der, die, das)* wird für Sachen und Personen männlichen und weiblichen Geschlechts, sowohl im Singular als auch im Plural, als Subjekt oder direktes Objekt verwendet:

Tenemos un vino del Penedés que está muy bueno.
Wir haben einen Wein aus dem Penedés, der sehr gut ist.
Rosita es una chica que siempre está dispuesta a ayudar.
Rosita ist ein Mädchen, das immer hilfsbereit ist.

Die Formen **el / la / los / las que** sind Kombinationen aus dem bestimmten Artikel und dem Relativpronomen **que**. Der Artikel richtet sich in Geschlecht und Zahl nach dem Bezugswort. Vergleichen Sie:

El ordenador que tengo en la oficina es mucho mejor.
Der Computer, den ich im Büro habe, ist viel besser.
El que tengo en la oficina es mucho mejor.
Der, den ich im Büro habe, ist viel besser.

Vor **el / la / los / las que** können außerdem Präpositionen stehen:

¡Por fin vamos a ver las pirámides de las que tanto nos ha hablado Rosita!
Endlich werden wir die Pyramiden sehen, über die Rosita uns so viel erzählt hat!

Der Ausdruck **lo que** bedeutet *(das) was:*

¿Sabes lo que pasa?
Weißt du, was los ist?

§ 36 Fragewörter

¿Qué?	*Was?*
¿Cómo?	*Wie?*
¿Dónde?	*Wo?*
¿De dónde?	*Woher?*
¿Adónde?	*Wohin?*
¿Quién?	*Wer?*
¿Quiénes?	*Wer?* (Plural)
¿Cuánto?	*Wie viel?*
¿Cuánto / -a / -os / -as?	*Wie viele?*
¿Por qué?	*Warum?*
¿Cuándo?	*Wann?*
¿A qué hora?	*Um wie viel Uhr?*
¿Cuál?	*Welche / r / s?*
¿Cuáles?	*Welche?* (Plural)

¿Y tú, ¿qué haces? *Und du, was machst du?*
¿Cómo se llama usted? *Wie heißen Sie?*
¿Dónde vives? *Wo wohnst du?*
¿De dónde eres? *Woher kommst du?*
¿Adónde vas? *Wohin gehst du?*
¿Quién es esa persona? *Wer ist diese Person?*
¿Quiénes son ustedes? *Wer sind Sie?*
¿Cuánto cuesta? *Wie viel kostet es?*
¿Cuántos euros tienes? *Wie viel Euro hast du?*
¿Por qué no has ido al cine? *Warum bist du nicht ins Kino gegangen?*
¿Cuándo tienes tiempo? *Wann hast du Zeit?*
¿A qué hora quedamos? *Wann treffen wir uns?*
¿Cuál te gusta? *Welche / r / s gefällt dir?*
¿Cuáles te gustan? *Welche gefallen dir?*

§ 37 Präpositionen

Die Präpositionen **a** und **de** werden mit dem bestimmten männlichen Artikel im Singular zu einem Wort verbunden:

a + el ▸ al	**¿Vamos al museo?** *Gehen wir ins Museum?*
de + el ▸ del	**El hotel está enfrente del cine.** *Das Hotel ist gegenüber vom Kino.*

▼

Die Präposition *a*

Die Präposition **a** wird bei Richtungs- und Ortsangaben verwendet:
Voy a la biblioteca. – *Ich gehe in die Bibliothek.*
Vamos al cine. – *Wir gehen ins Kino.*
¿Vas a casa? – *Gehst du nach Hause?*
Tiene que girar a la derecha y tomar la primera calle a la izquierda.
Sie müssen rechts abbiegen und die erste Straße links nehmen.

Die Präposition *de*

Mengenangaben werden immer mit der Präposition **de** verbunden:
un kilo de fresas – *ein Kilo Erdbeeren*
medio kilo de tomates – *ein halbes Kilo Tomaten*

Die Präposition **de** wird auch bei Tageszeiten verwendet, um sie zu unterscheiden:
Son las diez de la mañana.
Es ist zehn Uhr morgens.
Son las diez de la noche.
Es ist zehn Uhr nachts.

Die Präposition *en*

Die Präposition **en** wird bei Verkehrsmitteln verwendet:
¿Vas en coche o en autobús?
Fährst du mit dem Auto oder mit dem Bus?

Es gibt eine Ausnahme: **ir a pie** *(zu Fuß gehen)*

Die Präposition *para*

Die Präposition **para** wird verwendet, um einen Zweck auszudrücken:
¿Tiene algo para el dolor?
Haben Sie etwas gegen den Schmerz?

para kann auch mit Infinitiv verwendet werden *(um ... zu)*:
Para ir en moto necesitas el casco.
Um mit dem Motorrad zu fahren, brauchst du den Helm.

Die Präposition *por*

Die Präposition **por** wird bei Tageszeiten verwendet:

por la mañana	*morgens/vormittags*
por la tarde	*nachmittags/abends*
por la noche	*abends/nachts*

Die Zeitpräpositionen *desde / hace / desde hace*

hace + Zeitraum *(vor)*

Empezamos hace medio año aproximadamente.
Wir haben ungefähr vor einem halben Jahr angefangen.

desde + Zeitpunkt *(seit)*

Mis amigas y yo vamos al bingo desde abril.
Meine Freundinnen und ich gehen seit April zum Bingo.

desde hace + Zeitraum *(seit)*

Mis amigas y yo vamos al bingo desde hace medio año.
Meine Freundinnen und ich gehen seit einem halben Jahr zum Bingo.

§ 38 Die Zahlen

0	**cero**
1	**uno**
2	**dos**
3	**tres**
4	**cuatro**
5	**cinco**
6	**seis**
7	**siete**
8	**ocho**
9	**nueve**
10	**diez**
11	**once**
12	**doce**
13	**trece**
14	**catorce**
15	**quince**
16	**dieciséis**
17	**diecisiete**
18	**dieciocho**
19	**diecinueve**
20	**veinte**
21	**veintiuno**
22	**veintidós**
23	**veintitrés**
24	**veinticuatro**
25	**veinticinco**
26	**veintiséis**
27	**veintisiete**
28	**veintiocho**
29	**veintinueve**
30	**treinta**
31	**treinta y uno**
32	**treinta y dos**
33	**treinta y tres**
34	**treinta y cuatro**
35	**treinta y cinco**
40	**cuarenta**
41	**cuarenta y uno**
42	**cuarenta y dos**
43	**cuarenta y tres**
50	**cincuenta**
60	**sesenta**
70	**setenta**
80	**ochenta**
90	**noventa**
100	**cien**
101	**ciento uno**
110	**ciento diez**
200	**doscientos**
300	**trescientos**
400	**cuatrocientos**
500	**quinientos**
600	**seiscientos**
700	**setecientos**
800	**ochocientos**
900	**novecientos**
1000	**mil**
1001	**mil uno**
1100	**mil cien**
1999	**mil novecientos noventa y nueve**
2000	**dos mil**
3000	**tres mil**
10.000	**diez mil**
100.000	**cien mil**
1.000.000	**un millón**
2.000.000	**dos millones**
3.000.000	**tres millones**
1.000.000.000	**mil millones**

A

	a	*zu, nach*
	¿a cuántos?	*wie viel?*
	¿a dónde?	*wohin?*
	a él	*ihm*
	a ella	*ihr*
	a ellos/as	*ihnen*
	a fondo	*im Grunde*
	a la brasa	*gegrillt*
	a la derecha (de)	*rechts*
	a la gallega	*auf galizische Art*
	a la izquierda (de)	*links*
	a la romana	*paniert*
	a mediados	*mitte*
	a menudo	*oft*
	a mí	*mir*
	a nadie	*niemanden/m*
	a nosotros/as	*uns*
	a partir	*von, ab*
	a pie	*zu Fuß*
	a ti	*dir, dich*
	a todo el mundo	*der ganzen Welt*
	a todos/as	*allen*
	a usted	*Ihnen*
	a ustedes	*Ihnen*
	a vosotros/as	*euch*
	abanicar	*fechern*
el	abogado	*Anwalt*
el	abril	*April*
	abrir	*öffnen*
	abrirse	*sich öffnen*
la	abuela	*Großmutter*
la	abuelita	*Großmütterchen*
el	abuelito	*Großväterchen*
el	abuelo	*Großvater*
	aburrir	*langweilen*
	aburrirse	*sich langweilen*
	acabar	*beenden, enden*
	acabar de	*etwas gerade getan haben*
la	academia	*Akademie*
la	academia de cine	*Filmakademie*
el	aceite	*Öl*
el	aceite de oliva	*Olivenöl*
	acompañar	*begleiten*
	acordar	*beschließen, vereinbaren*
	acordarse	*sich erinnern*
	acordarse de	*sich an jdm oder an etwas erinnern*
	acortar por	*abkürzen*
	acostarse	*ins Bett gehen*
	acostumbrarse	*sich daran gewöhnen*
la	actividad	*Aktivität*
	activo/a	*aktiv*
el	actor	*Schauspieler*
	adelantar a	*jdn überholen*
	además	*außerdem*
	adiós	*Auf Wiedersehen*
	afeitarse	*sich rasieren*
	afortunadamente	*zum Glück, glücklicherweise*
el	agosto	*August*
	agradable	*angenehm*
el	agua *(f.)*	*Wasser*
	ahora	*jetzt*
	ahorrar	*sparen*
el	aire	*Luft*
el	ajo	*Knoblauch*
	al	*ihm, ins, in*
	al ajillo	*mit Knoblauchsoße*
	al cabo	*nach*
	al lado (de)	*neben*
el	albañil	*Maurer*
el	alcohol	*Alkohol*
	alcohólico/a	*alkoholisch*
	alegre	*fröhlich*
	alemán	*deutsch*
	alemana	*deutsche*
	Alemania	*Deutschland*
	alguna vez	*irgendwann*
	alguno/a	*jemand*
	allí	*dort*
la	altura	*Höhe*
	amable	*freundlich*
	amarillo/a	*gelb*
	amazónico/a	*Amazonas-*
	América	*Amerika*
la	amiga	*Freundin*
el	amigo	*Freund*
	añadir	*hinzufügen*
	Andalucía	*Andalusien*
los	Andes	*Anden*
el	anillo	*Ring*
el	animal	*Tier*
el	año	*Jahr*
	Año Nuevo	*Neujahr*
	antes	*vorher*
	antiguo/a	*alt*
	aparcar en	*parken in*
el	apellido	*Nachname*
	aplaudir	*klatschen*
	aprender	*lernen*
	aprender a	*lernen zu*
	apto para	*geeignet für*
	aquí	*hier*
	Argentina	*Argentinien*

la	argentina	*Argentinierin*
el	argentino	*Argentinier*
el	armario	*Schrank*
el/la	arquitecto/a	*Architekt/-in*
el	arte	*Kunst*
la	artesanía	*Kunsthandwerk*
el	artículo	*Artikel*
el/la	artista	*Artist/-in*
	así	*so*
	Asturias	*Asturien*
la	atención	*Achtung, Aufmerksamkeit*
	atraer	*anziehen*
	atravesar	*überqueren*
	atreverse a	*wagen zu*
	aunque	*obwohl*
	Australia	*Australien*
	Austria	*Österreich*
	austriaco/a	*östereichisch*
el	autobús	*Bus*
la	aventura	*Abenteuer*
	aventurero/a	*abenteuerisch*
el	avión	*Flugzeug*
	ayer	*gestern*
	ayudar	*helfen*
el	azúcar	*Zucker*
	azul	*blau*

B

	bailar	*tanzen*
	bajar	*hinuntergehen*
	bajar a	*hinuntergehen*
el	baloncesto	*Basketball*
	bañar	*baden, schwimmen*
el	baño	*Bad, Badezimmer*
el	bar	*Bar, Kneipe*
el	barco	*Schiff*
el	barrio	*Stadteil*
	Basilea	*Basel*
	bastante	*ziemlich*
	beber	*trinken*
la	bebida	*Getränk*
la	beca	*Stipendium*
	belga	*belgisch*
	Bélgica	*Belgien*
	Berlín	*Berlin*
la	biblioteca	*Bibliothek*
la	bicicleta	*Fahrrad*
	bien	*gut*
el	billete	*Ticket*
	Blancanieves	*Schneewittchen*
	blanco/a	*weiß*
la	boda	*Hochzeit*
el	bolígrafo	*Kugelschreiber*
	Bolivia	*Bolivien*
	boloñesa	*bolognese*
la	bolsa	*Tüte, Tasche*
el	bolso	*Tasche, Handtasche*
la	bombilla	*Glühbirne*
los	bombones	*Pralinen*
	bonito/a	*schön, hübsch*
el	bosque	*Wald*
	brillante	*brillant*
	Bruselas	*Brüssel*
	buen	*gut*
	buenas noches	*Guten Abend, Gute Nacht*
	buenas tardes	*Guten Tag*
	buenísimo/a	*sehr gut*
	bueno/a	*gut*
	buenos días	*Guten Tag*
	buscar	*suchen*

C

el	caballo	*Pferd*
la	cabeza	*Kopf*
el	cacao	*Kakao*
el	café	*Kaffee*
la	caja	*Kasse, Kiste*
la	calabaza	*Kürbis*
el	calamar	*Tintenfisch*
los	calamares a la romana	*panierte Tintenfische*
	caliente	*warm, heiß*
la	calle	*Straße*
el	calor	*Wärme, Hitze*
la	cama	*Bett*
la	cámara fotográfica	*Fotoapparat*
el/la	camarero/a	*Kellner/-in*
	cambiar	*etwas oder jemanden wechseln, ändern*
el	cambio	*Wechselgeld*
	caminar	*gehen*
el	camino	*Weg*
el	Camino de Santiago	*Jakobsweg*
el	campo	*Feld, Land*
las	Canarias	*Kanaren*
la	canción	*Lied*
	cansado/a	*müde*
el	cansancio	*Müdigkeit*
el/la	cantante	*Sänger/in*
	cantar	*singen*
	Caperucita Roja	*Rotkäppchen*
la	caperuza	*Kappe*
el	capital	*Kapital*

la	capital	*Hauptstadt*
la	cara	*Gesicht*
el	Caribe	*Karibik*
la	carne	*Fleisch*
	caro/a	*teuer*
la	carpintería	*Schreinerei*
la	carretera	*Straße, Landstraße*
el	carro	*Auto, Wagen*
la	carroza	*Kutsche*
la	carta	*Brief*
la	carta de amor	*Liebesbrief*
el	cartel	*Schild*
el/la	cartero/a	*Briefträger/in, Postbote/in*
la	casa	*Haus*
	casarse	*heiraten*
el	casino	*Kasino*
la	casita	*Häuschen*
el	caso	*Fall*
la	catedral	*Kathedrale*
la	categoría	*Kategorie*
la	cebolla	*Zwiebel*
la	celebración	*Feier, Fest*
la	cena	*Abendessen*
	cenar	*abendessen*
el	cenicero	*Aschenbecher*
	Cenicienta	*Aschenputtel, Aschenbrödel*
el	centro	*Zentrum*
	cerca (de)	*in der Nähe (von)*
	cero	*null*
	cerrar	*schließen*
la	cerveza	*Bier*
la	cesta	*Korb*
la	chaqueta	*Jacke*
la	chaqueta de piel	*Lederjacke*
el/la	chico/a	*Junge, Mädchen*
el	chile	*Chili*
	chileno/a	*chilenisch*
	chino	*chinesisch*
el	chocolate	*Schokolade*
	cien	*hundert*
	cierto	*wahr, wahrhaftig*
	cinco	*fünf*
el	cine	*Kino*
el	circo	*Zirkus*
	circular por	*verkehren durch*
la	cita	*Termin, Verabredung*
la	ciudad	*Stadt*
el	ciudadano	*Bürger*
	claro	*klar*
la	clase	*Klasse*
	clasificar	*klassifizieren*

el	cliente	*Kunde*
el	clima	*Klima*
	cocer	*kochen*
el	coche	*Auto, Wagen*
	cocinar	*kochen*
el/la	cocinero/a	*Koch*
el	cóctel	*Cocktail*
el	colegio	*Schule*
	colgar	*aufhängen*
el	color	*Farbe*
el	comedor	*Esszimmer*
	comentar	*kommentieren*
el	comentario	*Kommentar*
	comer	*essen*
la	comida	*Essen*
la	comida de lata	*Essenskonserven*
	como	*da, weil*
	¿cómo?	*wie?*
la	compañía	*Firma, Gesellschaft*
la	compañía de discos	*Plattenfirma*
	comprar	*kaufen*
	comprender	*verstehen*
la	comunicación	*Kommunikation*
	comunicado/a	*verbunden*
	con	*mit*
	conceder	*gewähren*
el	concierto	*Konzert*
el	concierto al aire libre	*Open Air Konzert*
el	concurso	*Wettbewerb*
	condimentar	*würzen*
	conducir	*fahren*
	conectar	*verbinden*
	conmigo	*mit mir*
	conocer	*kennen, kennenlernen*
el	conocido	*Bekannter*
	conseguir	*erreichen, finden*
el	consejo	*Rat*
	contar	*erzählen, zählen*
	contigo	*mit dir*
el	contraste	*Kontrast*
la	corbata	*Krawatte*
la	corbata de seda	*Seidenkrawatte*
	Córdoba	*Cordoba*
el	coro	*Chor*
	Correos	*Post*
	correr	*laufen*
	correr peligro	*Gefahr laufen*
	cortar	*schneiden*
	corto/a	*kurz*
la	cosa	*Sache*

la	costa	*Küste*
	costar	*kosten*
la	costumbre	*Sitte, Gewohnheit*
	creer	*glauben*
	cruzar	*kreuzen, überqueren*
el	cuaderno	*Heft*
el	cuadro	*Bild*
	¿cuál?	*welche/r?*
	¿cuáles?	*welche?*
	cuando	*als*
	¿cuándo?	*wann?*
	¿cuánto?	*wie viel?*
	¿cuántos?	*wie viele?*
	cuatro	*vier*
	Cuba	*Kuba*
	cubano/a	*kubanisch*
	cubrir	*bedecken*
el	cuidado	*Gefahr*
	cuidar	*aufpassen, beschützen*
	culto/a	*kultiviert*
la	cultura	*Kultur*
	cultural	*kulturell*
el	cumpleaños	*Geburtstag*
	cumplir	*abschließen*
el	curso	*Kurs*

D

	danés	*dänisch*
	danesa	*dänisch*
	dar	*geben*
	dar igual	*egal sein*
	dar la vuelta	*umdrehen*
	de	*von*
	de dónde	*von wo?*
	de pequeño/a	*als Kind*
	de pronto	*auf einmal*
	de repente	*plötzlich*
	debajo (de)	*unter*
los	deberes	*Hausaufgabe(n)*
	decidir	*entscheiden*
	decir	*sagen*
la	decisión	*Entscheidung*
	decorar	*dekorieren*
	dedicarse	*sich widmen*
	dedicarse a	*sich mit etw befassen*
	definir	*definieren*
	dejar	*lassen*
	dejar de	*aufhören zu*
	del	*von*
	delante (de)	*vor*
	delgado/a	*dünn*
	demasiado	*zu viel*
	demostrar	*demonstrieren, zeigen*
	depende	*es hängt ab von*
el	deporte	*Sport*
	deprisa	*in Eile, schnell*
	derecha	*rechts*
el	Derecho	*Recht, Jura*
el	Derecho Comercial	*Wirtschaftsrecht*
el	desarrollo	*Entwicklung*
	descansar	*ausruhen*
	descansar en	*ausruhen in*
	describir	*beschreiben*
	descubrir	*entdecken*
	desde	*seit*
	desde hace	*seit*
el	despacho	*Büro*
	despacio	*langsam*
la	despedida	*Abschied*
	despertarse	*aufwachen*
	después	*danach*
	destino a	*in Richtung, mit Ziel,nach*
	desvestirse	*sich ausziehen*
	desayunar	*frühstücken*
el	detalle	*Detail*
	detenidamente	*gründlich, eingehend*
	detrás (de)	*hinter*
el	día	*Tag*
el	diente	*Zahn*
el	diente de ajo	*Knoblauchzehe*
	diez	*zehn*
	diferente	*unterschiedlich*
la	dificultad	*Schwierigkeit*
	¡dígame!	*Sagen Sie mir!*
	Dinamarca	*Dänemark*
el	dinero	*Geld*
la	dirección	*Adresse*
el	director	*Direktor*
el	disco	*Schallplatte*
la	discoteca	*Diskothek*
	disculpar	*entschuldigen*
el	discurso	*Vortrag*
	disponer de	*über etwas verfügen*
	diverso/a	*verschieden*
	divertido/a	*lustig*
	divertirse	*sich amüsieren*
	doce	*zwölf*
la	docena	*Dutzend*
el	documental	*Dokumentarfilm*
el	documento	*Dokument*
el	domicilio	*Wohnsitz*
el	domingo	*Sonntag*
el	dominó	*Domino*
	donde	*wo, in dem, in der, in die*

	dónde	*wo?*
	dormir	*schlafen*
	dos	*zwei*
la	ducha	*Dusche*
	ducharse	*sich duschen*
	durante	*während*

E

	echar	*werfen, entlassen*
	echar de menos	*vermissen*
	echarse a	*etwas plötzlich tun*
la	economía	*Wirtschaft*
	económico/a	*wirtschaftlich*
el	edificio	*Gebäude*
el	ejercicio	*Übung*
el	ejercicio de gramática	*Grammatikübung*
	el	*der*
	él	*er*
	eléctrico/a	*elektrisch*
	elegir	*wählen, auswählen*
	ella	*sie*
	ellos/as	*sie*
	e-mail	*E-Mail*
	empacar	*einpacken*
	empezar	*anfangen*
	empezar a	*beginnen zu*
la	empresa	*Unternehmen, Firma*
la	empresa de mudanza	*Umzugsunternehmen*
	en	*in, am*
	en el fondo	*eigentlich*
	en huelga	*im Streik*
	en otras palabras	*mit anderen Worten*
	en primera	*mit 1. Klasse*
	en principio	*grundsätzlich*
	¿en serio?	*wirklich?*
	en serio	*wirklich, ernsthaft*
	en todo caso	*auf jeden Fall*
	enamorado/a	*verliebt*
el	enanito	*Zwerg*
	encantado/a	*angenehm*
	encantar	*bezaubern*
	Encarna	*Kurzform von Encarnación*
	encima (de)	*über, auf*
	encontrar	*finden, treffen*
	enfadado/a	*verärgert*
	enfadar	*ärgern*
	enfermar	*krank werden*
la	enfermera	*Krankenschwester*
	enfermo/a	*krank*
el/la	enfermo/a	*Kranke(r)*
	enfrente (de)	*gegenüber*
	ensayar	*einüben*
	enseguida	*sofort*
	enseñar	*zeigen, beibringen*
	enseñar a	*lehren, zeigen*
	entender	*verstehen*
	entero/a	*ganz*
	entonces	*dann*
la	entrada	*Eingang, Eintritt*
	entrar en	*eintreten in*
	entre	*zwischen*
el	entusiamo	*Enthusiasmus*
	envenenado/a	*vergiftet*
el	equipo	*Ausrüstung, Team, Mannschaft*
	es un placer	*es ist ein Vergnügen*
la	escalada	*Klettern*
	escalar	*klettern*
el	escalón	*Treppenstufe, Stufe*
el	escaparate	*Schaufenster*
	escribir	*schreiben*
	escrito/a	*geschrieben*
	escuchar	*hören*
la	escuela	*Schule*
	ese/a	*diese/r*
	eso	*dieses, dies*
los	espaguetis	*Spaghetti*
	España	*Spanien*
el	español	*Spanier, Spanisch*
	español	*spanisch*
la	española	*Spanierin*
	española	*spanisch*
	especial	*speziell*
	especialmente	*besonders*
el	espectáculo	*Schauspiel, Show*
el	espejo	*Spiegel*
	esperar	*hoffen, warten*
	esquiar	*skifahren*
la	esquina	*Ecke*
	esta	*diese*
el	estadio	*Stadion*
	Estados Unidos	*Vereinigte Staaten*
la	estancia	*Aufenthalt*
la	estantería	*Regal*
	estar	*sein*
	estar de mal humor	*schlecht gelaunt sein*
	estas	*diese*
	este	*dieser*
	estimado/a	*geehrt, geschätzt*
	esto	*dieses, dies*
el	estómago	*Magen*
	estos	*diese*
el	estrés	*Stress*

el/la	estudiante	*Student, Studentin*
	estudiar	*lernen, studieren*
el	euro	*Euro*
	evitar	*vermeiden*
el	examen	*Prüfung, Klausur, Examen*
la	excursión	*Ausflug*
la	excusa	*Ausrede*
el	éxito	*Erfolg*
	exótico/a	*exotisch*
	explicar	*erklären*
la	Expo	*Expo*
la	exposición	*Ausstellung*
el	extranjero	*Ausland*

F

	fácil	*leicht*
la	facultad	*Fakultät*
la	falda	*Rock*
	faltar	*fehlen*
la	fama	*Ruf*
la	familia	*Familie*
	famoso/a	*berühmt*
la	fantasía	*Fantasie*
	fantástico/a	*fantastisch*
la	farmacia	*Apotheke*
	fascinar	*faszinieren*
	favorito/a	*bevorzugt*
el	fax	*Fax*
la	fecha	*Datum*
la	fecha de nacimiento	*Geburtsdatum*
la	fiesta	*Fest, Party*
la	figura	*Figur, Gestalt*
el	fin de semana	*Wochenende*
el	finlandés	*Finnländer*
la	finlandesa	*Finnländerin*
	Finlandia	*Finnland*
el	flash	*Blitz*
la	flauta	*Flöte*
el	flautista de Hamelin	*Flötenspieler von Hameln*
la	flor	*Blume*
la	forma	*Form*
la	foto	*Foto*
la	fotografía	*Fotografie*
	fotografiar	*fotografieren*
el/la	fotógrafo/a	*Fotograf, Fotografin*
	francés	*Französisch*
el	francés	*Franzose*
la	francesa	*Französin*
	Francia	*Frankreich*
	freír	*frittieren, braten*
la	fresa	*Erdbeere*
	fresco/a	*frisch*
	frío/a	*kalt*
la	frontera	*Grenze*
la	fruta	*Obst, Frucht*
	fumar	*rauchen*
la	furgoneta	*Lieferwagen*
el	fútbol	*Fußball*
el/la	futbolista	*Fußballspieler*
el	futuro	*Zukunft*

G

	Galicia	*Galizien*
	ganar	*verdienen, gewinnen*
las	ganas	*Lust*
el	gato	*Katze*
el	gazpacho	*Gazpacho*
	genial	*genial*
la	gente	*Leute*
la	gimnasia	*Gymnastik*
el	gimnasio	*Fitnesscenter*
	grabar	*aufnehmen*
	gracias	*danke*
	gracias por	*danke für*
el	grafiti	*Graffiti*
la	gramática	*Grammatik*
	gran	*groß*
	grande	*groß*
la	grasa	*Fett*
	Grecia	*Griechenland*
el/la	griego/a	*Grieche, Griechin*
el	grupo	*Gruppe*
el	grupo de montaña	*Wandergruppe*
	guapísimo/a	*sehr hübsch*
	guapo/a	*hübsch*
	guardar	*aufbewahren*
	guatemalteco/a	*Guatemalteke, Guatemaltekin*
el/la	guía turística	*Touristenführer/-in*
la	guitarra	*Gitarre*
	gustar	*gefallen, mögen*
el	gusto	*Geschmack*

H

	haber	*geben*
el/la	habitante	*Einwohner/in*
	hablar	*reden, sprechen*
	hace	*vor, seit*
	hacer	*machen, tun*
	hacia	*gegen, nach*
el	hambre	*Hunger*
	Hamburgo	*Hamburg*
	hasta	*bis*

	hasta luego	*bis später*
	hasta pronto	*bis bald*
	hay	*es gibt*
	helado/a	*gefroren, kalt*
la	hermanita	*Schwesterchen*
el	hermanito	*Brüderchen*
el/la	hermano/a	*Bruder, Schwester*
los	hermanos	*Geschwister*
el/la	hijo/a	*Sohn, Tochter*
la	Historia	*Geschichte*
	histórico/a	*geschichtlich*
	hola	*hallo*
	Holanda	*Holland*
el	holandés	*Holländer*
la	holandesa	*Holländerin*
el	hombre	*Mann, Mensch*
la	hora	*Stunde*
la	hora de trabajo	*Arbeitszeit*
el	hospital	*Krankenhaus*
el	hotel	*Hotel*
	hoy	*heute*
el	huevo	*Ei*
el	humor	*Humor*

I

la	idea	*Idee*
el	idioma	*Sprache*
la	iglesia	*Kirche*
	igual	*gleich*
la	imaginación	*Fantasie*
el	imperativo	*Imperativ*
el	imperfecto	*Imperfekt*
	importante	*wichtig*
	importar	*wichtig sein, importieren*
la	impresora	*Drucker*
el	impuesto	*Steuer*
la	inauguración	*Einweihung*
	incluir	*einschließen*
el	indefinido	*unbestimmte Vergangenheit*
las	Indias	*Amerika*
	indígena	*eingeboren, einheimisch*
el/la	indígena	*Eingeborener, Einheimischer*
la	infancia	*Kindheit*
la	influencia	*Einfluss*
	informarse de	*sich nach etwas erkundigen*
la	Informática	*Informatik*
la	infusión	*Kräutertee*
	Inglaterra	*England*
	inglés	*Englisch*
el	inglés	*Engländer*
la	inglesa	*Engländerin*
el	ingrediente	*Zutat*
	inteligente	*intelligent*
	intensamente	*intensiv*
	intentar	*versuchen*
	interesante	*interessant*
	interesar	*interessieren*
el	interior del país	*Landesinnern, -innere*
	internacional	*international*
el	internet	*Internet*
	inventar	*erfinden*
	investigar	*untersuchen, ermitteln*
el	invierno	*Winter*
el	invitado	*Gast*
	invitar	*einladen*
	ir	*gehen*
	ir a	*gehen (in Richtung)*
el/la	iraquí	*Iraker/in*
	irse	*gehen*
la	isla	*Insel*
las	Islas Canarias	*Kanarische Inseln*
las	Islas Galápagos	*Galapagos Inseln*
el/la	israelí	*Israeli/n*
	Italia	*Italien*
el/la	italiano/a	*Italiener/in*

J

el	jabón	*Seife*
el	jardín	*Garten*
el	jazz	*Jazz*
el	jefe	*Chef, Vorgesetzter*
	joven	*jung*
el	juego	*Spiel*
	jugar	*spielen*
	jugar a	*spielen*
	jugar a las cartas	*Karten spielen*
	jugar al fútbol	*Fußball spielen*
	jugar al golf	*Golf spielen*
	jugar al tenis	*Tennis spielen*
el	juguete	*Spielzeug*
el	julio	*Juli*
	junto/a	*mit, zusammen mit*

K

el	kilómetro	*Kilometer*

L

	la	*die, sie, ihr*
el	lado	*Seite*
la	lámpara	*Lampe*
	las	*sie, ihnen, die*
el/la	latino/a	*Lateinamerikaner/in*
	Latinoamérica	*Lateinamerika*
el	lavabo	*Waschbecken, Toilette*

la	lavadora	*Waschmaschine*
	lavarse	*sich waschen*
el	lazo	*Schleife, Verbindung*
	le	*ihm/ihr, ihn, Sie*
la	leche	*Milch*
	leer	*lesen*
	lejos (de)	*weit weg*
la	lengua	*Sprache*
	lentamente	*langsam*
	les	*ihnen, sie, Sie*
	levantarse	*aufstehen*
la	libertad	*Freiheit*
la	libra	*Pfund (englisches)*
	libre	*frei*
la	librería	*Buchhandlung*
el	libro	*Buch*
	limitar	*limitieren, begrenzen*
	limitarse a	*sich auf etwas beschränken*
la	limonada	*Limonade*
la	línea	*Linie*
el	líquido	*Flüssigkeit*
	Lisboa	*Lissabon*
el	litro	*Liter*
	llamar	*rufen, anrufen*
	llamarse	*heißen, sich nennen*
la	llave	*Schlüssel*
	llegada a	*Ankunft*
	llegar	*ankommen*
	llegar a	*ankommen in*
	lleno/a	*voll*
	llevar	*tragen, bringen*
	llover	*regnen*
	lo	*ihn, es, das*
	lo mejor	*das Beste*
el	lobo	*Wolf*
	localizar	*lokalisieren*
	los	*die, sie*
	luchar	*kämpfen*
	luchar por	*kämpfen für*
	luego	*später*
el	lugar	*Ort, Platz*
el	lugar de nacimiento	*Geburtsort*
el	lunes	*Montag*
	Luxemburgo	*Luxemburg*
el	luxemburgués	*Luxemburger*
la	luxemburguesa	*Luxemburgerin*

M

la	madre	*Mutter*
	mal	*schlecht*
	malo/a	*schlecht, böse*
la	mamá	*Mama*
	mañana	*morgen*
la	mañana	*Morgen*
la	mano	*Hand*
	mantenerse	*sich halten*
la	manzana	*Apfel*
	maquillarse	*sich schminken*
la	maquinilla	*Rasierapparat*
la	maquinilla eléctrica	*elektrischer Rasierapparat*
el	mar	*Meer*
la	marcha	*Stimmung*
	marchar	*gehen, marschieren*
	marcharse	*gehen*
el	marco	*Rahmen*
el	marco de plata	*Silberrahmen*
el	martes	*Dienstag*
	más	*mehr*
	más (...) que	*mehr ... als*
las	Matemáticas	*Mathematik*
	matricularse	*sich einschreiben*
el	mayo	*Mai*
	mayor	*älter, größer*
la	mayoría	*Mehrheit*
	me	*mir, mich*
	me llamo	*ich heiße*
la	médica	*Ärztin*
la	medicina	*Medizin*
la	Medicina	*Medizin (Studienfach)*
el	medio	*Medium*
el	medio de comunicación	*Kommunikationsmittel*
	medio/a	*halb*
	mejor	*besser*
	mejorar	*bessern, verbessern*
	menos	*weniger*
el	menú del día	*Tagesmenu*
el	mercado	*Markt*
el	mes	*Monat*
la	mesa	*Tisch*
el	metal	*Metall*
el	metro	*Metro*
el/la	mexicano/a	*Mexikaner/in*
	México	*Mexiko*
	mezclar	*mischen*
	mi	*mein/e*
el	miedo	*Angst*
	mientras	*während*
el	miércoles	*Mittwoch*
la	miga	*Krümel*
la	miga de pan	*Brotkrümel*
	mío/a	*mein/e*

	¡mira!	*schau*
	mirar	*schauen*
	mis	*meine*
la	mochila	*Rucksack*
	moderno/a	*modern*
	molestar	*stören*
el	momento	*Moment*
la	montaña	*Berg*
el	monumento	*Monument*
	morir	*sterben*
	morir de	*an etwas sterben*
	morirse de ganas	*auf etw große Lust haben*
el	mosquito	*Mücke*
la	motocicleta	*Motorrad*
	mover	*bewegen*
el	móvil	*Mobiltelefon*
	muchas gracias	*vielen Dank*
	muchas veces	*oft*
	muchísimo/a	*sehr viel*
	mucho	*sehr, viel*
	mucho gusto	*angenehm*
	mucho/a	*viel/e*
la	mudanza	*Umzug*
la	mujer	*Frau, Ehefrau*
el	mundo	*Welt*
la	muñeca	*Puppe*
la	muñeca de trapo	*Stoffpuppe*
	Múnich	*München*
el	museo	*Museum*
la	música	*Musik*
	muy	*sehr*

N

el	nacimiento	*Geburt*
	nada	*nichts*
	nadar	*schwimmen*
	nadie	*niemand*
la	naranja	*Orange*
la	naturaleza	*Natur*
la	Navidad	*Weihnachten*
	necesitar	*brauchen*
	negar	*verweigern*
	negarse a	*sich weigern zu*
	nervioso/a	*nervös*
	nevar	*schneien*
	ningún	*kein*
	ninguno/a	*kein/e*
el/la	niño/a	*Junge, Mädchen*
	no	*nein, nicht*
la	noche	*Nacht*
el	nombre	*Name*
	normalmente	*normalerweise*
el	norte	*Norden*
	Noruega	*Norwegen*
el/la	noruego/a	*Norweger/in*
	nos	*uns*
	nosotros/as	*wir*
la	nota	*Notiz*
la	noticia	*Notiz, Nachricht*
las	noticias deportivas	*Sportnachrichten*
la	novela	*Roman*
la	novia	*Freundin, Braut*
el	novio	*Freund, Bräutigam*
	nublado	*bewölkt*
	nuestro/a	*unser/e*
	nueve	*neun*
	nuevo/a	*neu*
el	número	*Nummer, Zahl*
	nunca	*nie*

O

	o	*oder*
la	obligación	*Verpflichtung*
	obligar	*zwingen, verpflichten*
la	obra de teatro	*Theaterstück*
	observar	*beobachten*
la	ocasión	*Gelegenheit*
el	océano	*Ozean*
el	Océano Pacífico	*Pazifischer Ozean*
	ocho	*acht*
la	oficina	*Büro*
	ofrecer	*anbieten*
	oír	*hören*
el	ojo	*Auge*
	olvidar	*vergessen*
	olvidarse de	*etwas vergessen*
la	ópera	*Oper*
	opinar	*meinen*
el	ordenador	*Computer, Rechner*
	ordenar	*ordnen*
la	orquesta	*Orchester*
	os	*euch*
el	oso	*Bär*
el	otoño	*Herbst*
	otra vez	*noch einmal*
	otro/a	*noch ein/e*
	¡oye!	*Hör mal!*

P

el	paciente	*Patient*
el	Pacífico	*Pazifik*
el	padre	*Vater*
los	padres	*Eltern*
la	paella	*Paella*

	pagar	*zahlen*
el	país	*Land*
el	paisaje	*Landschaft*
el	pájaro	*Vogel*
la	palabra	*Wort*
el	pan	*Brot*
la	panadería	*Bäckerei*
la	Panamericana	*Panamericana*
el	pantalón	*Hose*
el	papel	*Papier*
el	paquete	*Paket*
	para	*um zu, für*
	parecer	*erscheinen*
	parecerse	*ähneln*
	parecerse a	*jemandem ähnlich sein*
la	pared	*Wand*
	París	*Paris*
el	parque	*Park*
	¡pasa!	*Komm herein!*
el	pasado	*Vergangenheit*
	pasado/a	*vergangen*
el/la	pasajero/a	*Passagier/-in*
	pasar	*vorbeigehen*
	pasar miedo	*Angst haben (vor)*
	pasar por	*vorbeigehen an*
	pasear	*spazieren*
la	pasta	*Pasta*
la	patata	*Kartoffel*
las	patatas bravas	*Kartoffeln mit scharfer Soße*
las	patatas fritas	*Pommes frites*
el	patito	*Entchen*
el	pato	*Ente*
	pedir	*bestellen*
	peinarse	*sich kämen*
	pelar	*schälen*
la	película	*Film*
la	película de terror	*Horrorfilm*
el	peligro	*Gefahr*
	peligroso/a	*gefährlich*
la	pelota	*Ball*
la	peluquería	*Friseur(salon)*
	pensar	*denken*
	pensar en	*denken an*
el	pepino	*Gurke*
	pequeño/a	*klein*
	perder	*verlieren*
el	periódico	*Zeitung*
el	periodista	*Journalist*
el	periodo	*Zeitraum*
	permitir	*erlauben*
	pero	*aber*
el	perro	*Hund*
la	persona	*Person*
	personal	*persönlich*
la	perspectiva	*Perspektive*
	pertenecer	*gehören*
	Perú	*Peru*
el/la	pianista	*Klavierspieler/-in*
	picante	*scharf*
el	pie	*Fuß*
la	piel	*Haut*
	pintar	*malen*
la	piscina	*Schwimmbad*
el	piso	*Wohnung*
la	pizza	*Pizza*
el	placer	*Freude, Vergnügen*
	planear	*planen*
la	plata	*Silber*
el	plátano	*Banane*
el	plato	*Teller*
la	playa	*Strand*
la	plaza	*Platz*
el	plural	*Plural*
	poco	*wenig*
	poder	*können*
el	poder	*Macht*
la	policía	*Polizei*
la	política	*Politik*
	político/a	*politisch*
el	pollo	*Huhn*
el	pollo al ajillo	*Huhn in Knoblauchsoße*
	poner	*stellen, tun*
	poner en marcha	*in Gang bringen*
	poner la mesa	*den Tisch decken*
	poquito/a	*wenig*
	por	*für*
	por cierto	*übrigens*
	por completo	*ganz*
	por el camino	*auf dem Weg*
	por eso	*deshalb*
	por favor	*bitte*
	por fin	*endlich*
	¿por qué?	*warum?*
	por supuesto	*selbstverständlich*
	porque	*weil, da*
el	porqué	*Grund*
el	portugués	*Portugiese*
la	portuguesa	*Portugiesin*
la	posición	*Position*
la	postal	*Postkarte*
	practicar	*üben, ausüben*
	precioso/a	*reizend, entzückend*
	preferido/a	*bevorzugt*
	preferir	*bevorzugen*

	preguntar	*fragen*
la	prensa	*Presse*
	preocupar	*sorgen*
	preparar	*vorbereiten*
	presentar	*vorstellen, präsentieren*
	prestar	*leihen*
	prestar atención	*aufpassen*
	primero	*zuerst*
	primero/a	*erste/r*
el/la	primo/a	*Cousin, Cousine*
	principal	*wichtigste/r, Haupt-*
el	príncipe	*Prinz*
la	prisa	*Eile*
	privado/a	*privat*
el	problema	*Problem*
la	profesión	*Beruf*
el	profesor	*Lehrer*
la	profesora	*Lehrerin*
	profundamente	*tief*
	prohibido/a	*verboten*
	pronto	*bald, früh*
	proponerse	*sich vornehmen*
	próximo/a	*nächste/r*
el	público	*Publikum*
el	pueblo	*Volk, Dorf*
la	puerta	*Tür*
	pues	*also*
el	puesto de trabajo	*Arbeitsplatz*
el	pulpo	*Tintenfisch*
el	pulpo a la gallega	*Tintenfisch auf galizische Art*
	pulsar	*drücken*
	puntual	*pünktlich*

Q

	¿qué?	*was?*
	que	*der, die, das*
	¡qué se mejore!	*gute Besserung*
	¡qué sorpresa!	*was für eine Überraschung*
	¿qué tal?	*wie geht's?*
	quedar	*sich verabreden*
	quejar	*beschweren*
	querer	*mögen*
	querido/a	*liebe/r*
	¿quién?	*wer?*
	¿quiénes?	*wer?*
	quince	*fünfzehn*
	quitar	*entfernen*

R

la	radio	*Radio*
	rápidamente	*schnell*
	rápido/a	*schnell*
	raro/a	*seltsam*
la	razón	*Grund*
la	realidad	*Realität*
la	receta	*Rezept*
	recomendar	*empfehlen*
	recto	*geradeaus*
el	recuerdo	*Erinnerung*
la	redacción	*Redaktion*
	redactar	*verfassen*
	referirse a	*sich beziehen auf*
	reforzar	*verstärken*
el	refresco	*Erfrischungsgetränk*
	regalar	*schenken*
la	región	*Region*
	reír	*lachen*
el	repelente	*Insektenschutzmittel, Mückenschutz*
	repetir	*wiederholen*
el	resfriado	*Erkältung*
	resfriado/a	*erkältet*
el	respeto	*Respekt*
el	responsable	*Verantwortlicher*
	responsable	*verantwortlich*
el	restaurante	*Restaurant*
la	reunión	*Besprechung, Sitzung, Versammlung*
	reunir	*versammeln*
la	revista	*Zeitschrift*
la	revista de moda	*Modezeitschrift*
el	rezante	*Betender*
el	río	*Fluß*
	riquísimo/a	*sehr lecker*
	robar	*stehlen, klauen*
	rodar	*filmen*
	rojo/a	*rot*
	Roma	*Rom*
la	ropa	*Kleidung*
la	rosa	*Rose*
el	ruido	*Lärm*

S

	saber	*wissen*
la	sal	*Salz*
	salida de	*Ausfahrt, Abfahrt, Abflug von*
	salir	*ausgehen, starten*
	salir a	*hinausgehen*
el	salón	*Wohnzimmer*
la	salsa	*Soße*
la	salsa boloñesa	*Soße bolognese*
el	saludo	*Gruß*
	sano/a	*gesund*
la	sauna	*Sauna*

	se	*sich*
	se llama	*nennt sich*
la	secretaria	*Sekretärin*
el	secreto	*Geheimnis*
la	seda	*Seide*
	seguir	*weitergehen, -machen, folgen*
	segundo/a	*zweite/r*
	seguramente	*sicherlich*
	seguro	*sicher*
	seguro/a	*sicher*
	seis	*sechs*
la	selva	*Urwald*
la	Selva Negra	*Schwarzwald*
la	semana	*Woche*
la	Semana Santa	*Osterwoche*
el	señor	*Herr, Mann*
el	Señor de los Anillos	*der Herr der Ringe*
la	señora	*Frau*
	sentarse	*sich setzen*
	sentir	*fühlen*
el	septiembre	*September*
	ser	*sein*
	ser cuestión de	*Angelegenheit sein von*
	serio/a	*ernst*
	servir	*dienen, bedienen*
	sí	*ja*
	si	*ob*
	siempre	*immer*
la	siesta	*Siesta, Mittagsschlaf*
	siete	*sieben*
la	silla	*Stuhl*
	simpático/a	*sympatisch*
	sin	*ohne*
	sincero/a	*ehrlich*
el	singular	*Singular*
el	sistema inmune	*Immunsystem*
el	sitio	*Ort, Platz*
la	situación	*Situation*
la	situación económica	*wirtschaftliche Situation*
	situado/a	*gelegen*
	sobre	*über*
	sobre todo	*vor allem*
el	sol	*Sonne*
	soler	*pflegen etw zu tun*
	sólo	*nur*
	solo/a	*alleine*
la	solución	*Lösung*
	soñar	*träumen*
la	sopa	*Suppe*
la	sopa de sobre	*Tütensuppe*
la	sorpresa	*Überraschung*
	su	*ihr/ihre, sein/seine*
la	subida	*Anstieg*
	subir a	*hinaufgehen*
el	subte	*Metro*
	Sudamérica	*Südamerika*
	Suecia	*Schweden*
el/la	sueco/a	*Schwede, Schwedin*
el	sueño	*Traum*
la	suerte	*Glück*
el	supermercado	*Supermarkt*
el	sur	*Süden*

T

	también	*auch*
	tampoco	*auch nicht*
	tan	*so*
el	tango	*Tango*
	tanto/a	*so viel*
la	tarde	*Nachmittag*
la	tarta	*Torte*
la	tarta de fresa	*Erdbeertorte*
el	taxi	*Taxi*
	te	*dich, dir*
el	té	*Tee*
el	teatro	*Theater*
la	tecla	*Taste*
la	tele	*Fernseher, Fernsehen*
el	teléfono	*Telefon*
el	teléfono móvil	*Mobiltelefon*
la	televisión	*Fernsehen*
	televisivo/a	*Fernseh-*
el	tema	*Thema*
	tener	*haben*
	tener cuidado	*vorsichtig sein*
	tener hambre	*Hunger haben*
	tener razón	*Recht haben*
el	tenis	*Tennis*
	tercero/a	*dritte/r*
	terminar	*enden, beenden*
	terrible	*schrecklich*
el	terror	*Terror*
el	testigo	*Zeuge*
el	tiempo	*Wetter, Zeit*
el	tiempo libre	*Freizeit*
la	tienda de campaña	*Zelt*
	tímido/a	*schüchtern*
el	tipo	*Art, Typ*
el	título	*Titel*
	tocar	*spielen*
	todavía	*noch*
	todavía no	*noch nicht*
	todo	*alles*

	todo/a	*alle*
	todos los días	*jeden Tag*
	tomar	*nehmen, trinken*
el	tomate	*Tomate*
la	tortilla	*Omelett*
la	tortilla de patatas	*Kartoffelomelett*
la	tostada	*Toast*
	trabajar	*arbeiten*
el	trabajo	*Arbeit*
	traducir	*übersetzen*
	traer	*bringen*
el	tráfico	*Verkehr*
el	traje	*Anzug*
	tranquilamente	*ruhig*
la	tranquilidad	*Ruhe*
	tranquilo/a	*ruhig*
	transmitir	*übertragen*
el	trapo	*Lappen*
	trasladar	*umziehen*
el	traslado	*Umzug*
	tratar	*handeln*
	tratar de	*versuchen*
el	tren	*Zug*
	tres	*drei*
	triste	*traurig*
	triturar	*zerkleinern, zermahlen*
el	trozo	*Stück, Teil*
	tú	*du*
el	túnel	*Tunnel*
el	turismo	*Tourismus*
el	turismo de masas	*Massenturismus*
el	turrón	*Turron*

U

	últimamente	*letztens*
	último/a	*letzte/r*
	un	*ein*
	un día	*eines Tages*
	una	*eine*
el	uniforme	*Uniform*
la	universidad	*Universität*
	uno/a	*ein/e*
	unos/as	*einige*
	usted	*Sie*
	ustedes	*Sie*
	útil para	*nützlich für*
	utilizar	*benutzen*

V

las	vacaciones	*Ferien, Urlaub*
	vale	*ok*
	valiente	*mutig*
el	valor	*Wert*
el	vaso	*Glas*
el	vatio	*Watt*
el/la	vecino/a	*Nachbar/-in*
	veinte	*zwanzig*
el	vendedor	*Verkäufer*
	vender	*verkaufen*
	venir	*kommen*
	venir a	*kommen*
la	ventana	*Fenster*
	ver	*sehen*
	ver a	*jdn sehen*
el	verano	*Sommer*
el	verbo	*Verb*
	¿verdad?	*nicht wahr?*
la	verdad	*Wahrheit*
	verdad	*wahr*
	verde	*grün*
la	verdulería	*Gemüseladen*
la	verdura	*Gemüse*
	vestirse	*(sich) kleiden*
la	vez	*Mal*
	viajar	*reisen*
	viajar en	*reisen in*
el	viaje	*Reise*
la	vida	*Leben*
la	vida privada	*Privatleben*
el	viernes	*Freitag*
el	vinagre	*Essig*
el	vino	*Wein*
el	vino tinto	*Rotwein*
la	visita	*Besuch*
	visitar	*besuchen*
la	vitamina	*Vitamin*
la	vivencia	*Erlebnis*
	vivir	*leben*
	volar	*fliegen*
el	volcán	*Vulkan*
	volver	*zurückkehren*
	vosotros/as	*ihr*
	vuestro/a	*euer/e*

Y

	y	*und*
	ya	*schon*
	yo	*ich*

Z

el	zapato	*Schuh*
la	zona verde	*Grünzone*
el	zoológico	*Zoo*
el	zumo	*Saft*
el	zumo de naranja	*Orangensaft*

Bildquellen:
S. 120 *ein Buch* – EKS GmbH, Stuttgart
S. 120 *ein Stuhl* – EKS GmbH, Stuttgart
S. 120 *ein Tisch* – EKS GmbH, Stuttgart
S. 120, 26 *ein Telefon* – MEV Verlag GmbH, Augsburg
S. 120 *ein Computer* – EKS GmbH, Stuttgart
S. 120 *ein Fax* – EKS GmbH, Stuttgart
S. 120 *eine Lampe* – EKS GmbH, Stuttgart
S. 120, 26 *ein Handy* – EKS GmbH, Stuttgart
S. 120 *ein Heft* – EKS GmbH, Stuttgart
S. 124 *mehrere Häuser* – EKS GmbH, Stuttgart
S. 124 *ein Auto* – Nora Deike, Barcelona
S. 124 *mehrere Lampen* – EKS GmbH, Stuttgart
S. 124 *mehrere Bücher* – EKS GmbH, Stuttgart
S. 124 *mehrere Computer* – EKS GmbH, Stuttgart
S. 124 *mehrere Telefone* – EKS GmbH, Stuttgart
S. 124 *mehrere Tische* – EKS GmbH, Stuttgart
S. 124 *ein Krankenhaus* – Nora Deike, Barcelona
S. 128 *moderne Häuser* – Nora Deike, Barcelona
S. 128 *ein gelbes Buch* – EKS GmbH, Stuttgart
S. 128 *ein hübsches Mädchen* – Nora Deike, Barcelona
S. 128 *schnelle Autos* – Nora Deike, Barcelona
S. 128 *rote Rosen* – EKS GmbH, Stuttgart
S. 130 *Barcelona* – EKS GmbH, Stuttgart
S. 130 *die Altstadt von Barcelona* – EKS GmbH, Stuttgart
S. 102 *1 kg Kartoffeln + 6 Eier* – EKS GmbH, Stuttgart
S. 102 *Kartoffel schälen* – EKS GmbH, Stuttgart
S. 102 *Kartoffel in der Pfanne* – EKS GmbH, Stuttgart
S. 102 *Eier schlagen* – EKS GmbH, Stuttgart
S. 102 *Tortilla stürzen* – EKS GmbH, Stuttgart

Die ideale Ergänzung ...

Power-Sprachkurs SPANISCH in 4 Wochen

Lernen Sie in idealen Tagesportionen

- In 4 Wochen fit werden für die alltägliche Kommunikation
- Gezieltes Lernen durch Hören, Sprechen, Lesen und Schreiben
- Originalaufnahmen mit Muttersprachlern trainieren die Aussprache
- Einzigartig: systematische Grammatik mit Extra-Übungen im Anhang
- Extra: Pocket-Trainer zum schnellen Wiederholen unterwegs

Umfang: Boxinhalt: Buch, Pocket-Trainer und 2 Audio-CDs
ISBN: 978-3-12-561699-8

Basiswörterbuch SPANISCH

Aktueller, praktischer Wortschatz

- Mit rund 50.000 Stichwörtern und Wendungen
- Interkulturelle Tipps schützen vor Fettnäpfchen
- Viele hilfreiche Wendungen zu Themen wie „Begrüßung“ oder „Essen gehen“
- Ideal für den Alltag und die Reise
- Mit Lautschrift für die richtige Aussprache
- Nützlich: Verbtabellen im Anhang

Umfang: Buch (750 Seiten)
ISBN: 978-3-12-517449-8

PONS